Ó Chósta go Cósta

Mo bhuíochas do chuile dhuine a chabhraigh liom ar an aistear seo, go mórmhór Lochlainn Ó Tuairisg agus Deirdre Ní Thuathail ó Chló Iar-Chonnachta. Tá mé buíoch freisin de Bhord na Leabhar Gaeilge as coimisiún a bhronnadh orm i leith an tsaothair seo. Thug Ambasadóir na hÉireann chun Uganda, a Shoilse Kevin Kelly, agus a fhoireann in Kampala chuile chabhair dom. Thug Dónall Ó Braonáin agus Marion Ní Shúilleabháin spreagadh agus misneach dom, agus tá mé buíoch de Shéamas Mac Donnchadha agus Máirín Ní Ghadhra as a gcairdeas. Ar deireadh: mo chlann agus mo mhuintir – céard a dhéanfainn dá n-uireasa!

Ó Chósta go Cósta

Frank Reidy

Cló Iar-Chonnachta
Indreabhán
Conamara

4

An Chéad Chló 2009
© Cló Iar-Chonnachta 2009

ISBN 978-1-905560-40-0

Dearadh: Philip Barrett / Deirdre Ní Thuathail
Obair ealaíne agus dearadh an chlúdaigh: Philip Barrett
Grianghraif: Frank Reidy

Foras na Gaeilge

Tá Cló Iar-Chonnachta buíoch de Fhoras na Gaeilge as
tacaíocht airgeadais a chur ar fáil.

the arts council
an chomhairle
ealaíon

Faigheann Cló Iar-Chonnachta cabhair airgid
ón gComhairle Ealaíon.

Clóchur: Cló Iar-Chonnachta, Indreabhán, Conamara
Teil: 091-593307 **Facs:** 091-593362 **r-phost:** cic@iol.ie
Priontáil: Clódóirí Lurgan, Indreabhán, Co. na Gaillimhe.
Teil: 091-593251

Clár

OIRTHEAR
NA hAFRAICE

AN tSOMÁIL

Loch Turkana

UGANDA

AN CHÉINIA

RUANDA

Loch
Victoria

Oileán
Pate

AN BHURÚIN

Mombasa

Oileán
Lamu

POBLACHT
DHAONLATHACH
AN CHONGÓ

AN TANSÁIN

MÓSAIMBÍC

Réamhrá: 1994

Bhí William Wallace i ngleic leis na Sasanaigh ar Churrach Chill Dara samhradh na bliana sin 1994. Ba é an Fórsa Cosanta Áitiúil a bhí ag saighdiúireacht mar aisteoirí breise don scannán *Braveheart* le Mel Gibson, agus bhí muid uilig ag baint pingine agus pléisiúir as.

I bhfad i gcéin, i dtír i ngar do lár na hAfraice, bhí cogadh dáiríre agus cogadh fuilteach á throid. Bhí Ruanda chomh beag sin go raibh litreacha a ainm níos mó ná méid na tíre ar an léarscáil. Bhí na Hutu in éadan na Tutsi, gangaid a bhí ag dul i bhfad siar. Ní raibh fórsaí na Náisiún Aontaithe in ann an t-ár a stopadh. Ní raibh ann ach na Hutu agus na Tutsi, agus nárbh fhearr iad a fhágáil ag troid? Bhí an cine geal slán sábháilte agus ní raibh na meáin ann le pictiúir a chur ar fáil. Maraíodh suas le milliún duine i gcinedhíothú Ruanda in imeacht céad lá.

D'athraigh an scéal nuair a theith na céadta mílte ó Ruanda agus chuireadar fúthu i gcampaí ar theorainneacha na dtíortha máguaird: an tSáír (Poblacht Dhaonlathach an Chongó anois) agus an Tansáin. Bhí na teifigh i ndroch-chaoi, ceal fíoruisce agus greim le n-ithe, agus bhíodar ag cur fúthu i gcábáin phlaisteacha i gcomharsanacht bolcáin a bhí idir beo agus marbh. Bhuail calar na daoine agus fágadh na coirp gan chur. Ba ghearr go raibh na meáin idirnáisiúnta ann, Charlie Bird ó RTÉ ina measc. Chuir na pictiúir déistin ar dhaoine agus chuir John O'Shea ó GOAL brú láidir ar rialtas na tíre seo na fórsaí cosanta a chur anonn. Rinne an rialtas cinneadh agus ba ghearr gur thosaigh an phleanáil.

Bhí tamall ann ó bhí mise thar lear, mar chuid de mo sheirbhís mhíleata, agus chuir mé síos m'ainm. Piocadh mé, i measc scór eile. Ní ghnáthmhisean a bheadh anseo ar a lán bealaí: den chéad uair bheadh muid ag obair faoi scáth agus in éineacht le heagraíochtaí neamhrialtais ar nós GOAL, Concern, Trócaire agus Cumann na Croise Deirge. Is ag cur seirbhís lóistíochta ar fáil do na heagraíochtaí sin a bheadh muid. Níl aon mhistéir ag baint le lóistíocht ach, mar a thuigfeá, is scil í a leagtar béim uirthi san earnáil mhíleata. Is éard atá ann ná an t-ábhar ceart sa méid ceart a chur go dtí an áit cheart in am cuí. Ar pháipéar tá sé an-éasca ach i gcomhthéacs cogaidh agus bhonneagar na hAfraice, níl ann ach frustrachas agus teasaíocht cuid mhaith den am. Ach tá sásamh ann freisin le corrbhua agus seift, ag cuimhneamh i gcónaí orthu siúd ar a bhfuil tú ag freastal.

Nó b'in cuid den chomhairle a cuireadh orm féin agus Bobby Cullagh, ceannfort eile ón gCurrach, in oifig GOAL sular fhág muid Éire. Ó thuairiscí Charlie Bird ar RTÉ, bhí muid cinnte nach mbeadh tada éasca ann agus muid ar ár mbealach go Nairobi, príomhchathair na Céinia. Bhí imní orainn freisin faoi na mílte dollar a bhí á n-iompar againn gar dár gcolainn, gan compord gunna mar ba ghnách. Níor chodail ceachtar againn néal.

Bhí Mick Walsh, leathbhádóir linn, ann romhainn agus d'ith muid béile breá i dteach GOAL in iarthar chathair Nairobi. Le breacadh an lae bhí muid ar ár mbealach go hAerpháirc Wilson ar bhruach na cathrach le dul go cathair Goma sa tSáír. Gan mhoill thosaigh inneall an eitleáin bhig dhá lián.

"Coinnigh súil ar an mapa," a dúirt an píolóta liom. "Ar ball beag feicfidh tú Loch Kivu ar thaobh na láimhe clé, ó dheas uait." Bhí Bobby ag srannadh sa suíochán cúil. Sínte thíos fúinn bhí eachréidh na hAfraice, dath donn uirthi le corrchoill ghlas agus abhainn. Ba é an radharc ar na bolcáin a thug leide dúinn go raibh muid i ngar do Goma agus Loch Kivu lena thaobh. Dhúisigh mé Bobby go bhfeicfeadh sé an radharc. Bhí cuma mhaith go leor ar an aerfort, le rúidbhealaí tarra. Rith na céadta gasúr le taobh an eitleáin agus muid ag tuirlingt. Bhí sé cúig huaire fichead ó d'fhág muid Currach Chill Dara.

Bhí an Captaen Declan O'Brien an-sásta muid a fheiceáil agus a raibh de litreacha, slisíní bagúin, ispíní agus tae Barry's againn, a thug muid linn ón mbaile. D'ól muid tae agus roinn muid scéalta ó bhaile leis i dteach GOAL "uimhir a haon" i mbaile Goma. Tar éis dúinn néal a chodladh agus cith a thógáil chasfadh muid lenár gcomrádaithe eile a bhí ag obair sna campaí.

Chuala muid uainn torann na ndrumaí ag bualadh agus muid ag teannadh le campa Mugunga. Ar chaon taobh an bhóthair bhí fir óga ag ól beorach as buidéil, cuid acu in éide airm – an t-arm céanna (lena gcuid mílístí) a bhí freagrach as an gcinedhíothú. Chuir Declan fainic orainn gan fiú breathnú orthu. Níor stop muid gur sheas muid ar bharr cnocáin. Sínte thíos fúinn bhí na céadta mílte puball plaisteach faoi scáth an bholcáin. Is dóigh go raibh ceathrú milliúin ann idir fhir, mhná agus ghasúir, ach ní raibh a fhios ag duine ar bith go baileach cé mhéad. Ní raibh orlach créafóige ann, ná uisce reatha, agus ná labhair ar an mboladh.

I measc an anró, an áir, an bháis agus na gcoirpeach bhí nead beag amháin grá agus cúraim, an Centre for Unaccompanied Children (CUC), faoi cheannas beirt altraí de chuid GOAL, agus istigh i seanscoil bhí an bheirt ag spraoi leis na gasúir. Le linn thranglam an chinedhíothaithe agus an chogaidh scaradh na mílte acu óna muintir. Cá bhfios nach raibh cuid mhaith dá muintir marbh agus gan a fhios ag duine ar bith céard a tharla dóibh. Rith cuid acu chugainn ag breith orainn agus ag croitheadh láimhe linn. Bhrisfeadh sé do chroí.

Bhí an chéad campa eile, Kibumba, ocht gciliméadar fhichead ó thuaidh de Goma, níos gaire don teorainn le Ruanda. Is ann a bhí formhór oibrithe GOAL. Bhí an áit seo níos mó ná Mugunga, ach ní raibh sé faoi smacht na mílístí. Idir na campaí uilig bhí thart ar mhilliún teifeach, agus bhí míle páiste i CUC Kibumba. Bhí eagraíochtaí cabhrach ó chuile cheard den domhan ag freastal ar an tromshlua seo, an rud go léir faoi stiúir na Náisiún Aontaithe. Bhí ospidéil mháithreachais, clinicí, ionaid bheathaithe theiripigh (do dhaoine fásta agus do ghasúir a bhí an-lag ar fad leis an ocras) agus scoileanna ann.

Shiúil muid tríd an gcampa agus mhínigh Declan dúinn na deacrachtaí agus na dúshláin a bhí os ár gcomhair amach. Bhí air féin agus a chuid comhghleacaithe na mílte tonna stuif a sholáthar agus a iompar chuile lá, agus bhí mé féin agus Bobby mífhoighneach agus an oiread sin le déanamh. Thuig muid ónár dtaithí an géarghá a bhí le pleanáil.

Chonaic muid anseo is ansiúd ar thaobh na mbóithre na mairbh clúdaithe le seanmhataí urláir luachra. Ní raibh aon áit sa gcomharsanacht len iad a chur. Ó am go ham thagadh leoraí thart len iad a bhailiú. Bhí ardmheas agam ar mo chomrádaithe a bhailigh na coirp agus a d'adhlaic iad le dínit.

Níor chodail ceachtar againn mórán an oíche sin ag cuimhneamh ar gach a raibh feicthe againn agus gach a raibh romhainn. Bhí a fhios againn go gcaithfeadh muid Goma a fhágáil ar feadh scaithimh ach fós féin bhí cumha orainn ag fágáil slán ag ár gcomrádaithe. Bhí sé socraithe go mbeinnse i mo cheann lóistíochta in Kampala, príomhchathair Uganda, agus go mbeadh an ról céanna ag Bobby i Nairobi.

Chomh luath agus a shroich mé Kampala rinne mé teagmháil le haerfhórsa Stáit Aontaithe Mheiricéa, a bhí lonnaithe ag aerfort Entebbe. Ar ordú an Uachtaráin Clinton bhí an t-aerfhórsa ann le cúnamh lóistíochta a thabhairt i ngéarchéim Ruanda. Le neart plámáis agus mo chéim airm gheall siad cúnamh dom, gan an iomarca maorlathais ná páipéarachas. Chuir mé aithne ar sháirsint ag an aerfort. Ba mháistir lódála é do na heitleáin C-130 Hercules agus bheadh sé in ann stuif a thabhairt chomh fada le Goma dom. Ní dheachaigh bronntanas buidéal Jameson ar strae! Níor lig sé síos mé agus d'éirigh liom go leor braillíní plaisteacha (a cheannaigh muid i Londain) a sheoladh ó dheas. Bhí an plaisteach riachtanach le haghaidh foscaidh sna campaí.

Faraor, níor bhlais mé mórán de shaol sóisialta ná de chultúr na cathrach. Dhéanainn teagmháil chuile lá le Goma ar an bhfón satailíte chun a fháil amach céard a bhí uathu agus ag inseacht dóibh na horduithe

a sheol muid ó dheas sna leoraithe nó sna Hercules. Chaithinn an lá ag
ceannacht le mo leathbhádóir, Mohammed. Bhí muid ag ceannacht an
t-uafás UNIMIX, brachán do ghasúir agus do mháithreacha a bhíonn ag
cothú ón gcíoch. Is meascán é de ghrán buí, ola, púdar bainne, pónairí
agus siúcra. Bíonn sé réamh-mheasctha sa monarcha de réir céatadáin
áirithe. Thóg sé tamall orm sula bhfuair mé amach go raibh sé de nós ag
na díoltóirí gearradh siar ar an siúcra, an comhábhar is daoire. Nach bocht
an rud é go bhfuil daoine ann a bhainfeadh leas as cruatan daoine eile ar
mhaithe le brabach. Choinnigh muid súil ghéar orthu.

Bhí ríméad orm nuair a fuair mé an scéal go raibh mé le n-aistriú go
Goma mar is ann a bhí an t-aicsean agus ní raibh an oiread gá le duine
in Kampala agus na Meiriceánaigh tarraingthe amach as. Shocraigh mé
síos i dteach a haon i nGoma agus mé os cionn cúrsaí airgeadais agus
fhoireann na hoifige. Bhí cúrsaí ag dul i bhfeabhas sna campaí agus ní
raibh an oiread céanna daoine ag fáil bháis le calar ó chuir arm Mheiriceá
uisce glan ar fáil as Loch Kivu. B'iontach an éacht a rinne siad agus uisce
glan á phumpáil na tríocha ciliméadar in aghaidh an chnoic ó Loch Kivu
go dtí na campaí.

Chuile mhaidin d'fhágadh na haltraí agus na hoibrithe eile, dhá scór
duine san iomlán, na trí theach a bhí ag GOAL le dul go Kibumba.
Thagaidís chugamsa le hairgead a fháil le hearraí a cheannacht nach
raibh le fáil ó chóras na Náisiún Aontaithe, go mórmhór airgead le
glasraí agus torthaí a cheannacht do na gasúir sa CUC. Shílfeá go raibh
tú i do mhilliúnaí ag comhaireamh airgead na Sáíre; bhí an boilsciú

chomh hard sin go dtógfadh sé carnán uafásach aisteach an rud is lú agus is suaraí a cheannacht.

Thugainn corrscuaird chuig an gcampa nuair a bhíodh mo chuid oibre san oifig críochnaithe. Bhí sé tábhachtach go dtuigfinn na deacrachtaí a bhí ag lucht na gcampaí le go bhféadfainn seirbhís mhaith a chur ar fáil dóibh. Thagadh muid le chéile i bpuball a raibh an leasainm "Bewley's" air. Bhíodh an chraic go maith, ag caint, ag gáire agus iad ag tógáil sosa óna gcuid cúraimí. Bhí na haltraí, ó chuile cheard den tír, ag obair go deonach ó mhaidin go hoíche. Ní fhéadfainn tada a d'iarr siad a eiteach. Bhí meas faoi leith agam ar na mná rialta a bhí linn. Bhídís ina suí roimh chuile dhuine eile ag guí agus bhíodh duine nó beirt a d'fhanadh ina suí go deireanach ag ól braoin agus ag roinnt scéalta an lae leis an gcuid eile.

Ó am go chéile bhíodh cúrsaí slándála go dona. Ní raibh aon smacht ar arm na Sáíre agus iad ag stopadh ár n-oibrithe ar a mbealach chuig na campaí. Ghoididís gan trócaire ag ionaid seiceála ar na bóithre ach ba mhó an chontúirt iad san oíche agus iad óltach i mbaile Goma. B'in í an imní ba mhó a bhí orm: go dtarlódh tada do na mná iontacha a bhí linn.

Thug mo chuid comhghleacaithe faoi deara go raibh mé ag cuartaíocht i CUC1 an-mhinic. Bhíodar ag rá nach bhféadfainn tada a dhiúltú don altra a bhí i gceannas ann. Ba thearmann é cinnte i bhfásach an éadóchais agus na gasúir ag spraoi faoi chúram grámhar. Seachas bheith ag "ceann tí an mhargaidh" bhí mé ag ceann CUC1!

Ní raibh aon chosúlacht ar an scéal go raibh na teifigh le filleadh abhaile. Níor thug na seanóirí cead dá muintir filleadh mar bhí cuid mhaith acu freagrach as an gcinedhíothú. Ní raibh a fhios acu siúd a bhí ciontach nó neamhchiontach céard a tharlódh dóibh dá bhfillfidís abhaile. An mbainfí díoltas amach? Bhí daoine cáinteach orainne mar gheall go raibh muid ag cothú coirpeach. Shamhlaigh mé go minic go raibh cuid de na hocht gcéad teifeach a bhí fostaithe againne sna campaí ciontach. Mar sin féin chaithfeadh muid leanacht orainn go dtí go dtiocfadh réiteach ar an scéal, is é sin go bhfillfeadh na daoine ar Ruanda dá ndeoin féin.

Chruinnigh muid uilig le chéile Oíche Nollag i dteach a haon agus léigh an tAthair John Skinnader aifreann. Bhí cumha orainn uilig ach bhí muid gar dá chéile le cairdeas a mhairfeadh ar feadh i bhfad. Lá Nollag thug muid cuairt ar na gasúir agus roinn muid milseáin orthu. Ní raibh aon chaint ar Dhaidí na Nollag mar nach bhfuil aon chleachtadh acu air. Ba mhór an mhaith. Bhí dóthain deor silte.

Ní raibh aon scil ag an gcócaire i réiteach bhéile na Nollag. Bhí cuid na Nollag faighte againn ón mbaile agus ó Bhobby i Nairobi: turcaí, liamhás agus maróg. Don chúrsa tosaigh bhí péirse mór Níleach rósta ar an mbairbiciú. Mháirseáil an cócaire isteach sa mbialann agus an t-iasc aige ar phláta mór. Bhain sé an scragall den iasc agus thosaigh muid ag tarraingt. Baineadh geit asainn nuair a chonaic muid an péirse plúchta le stuif dubh ar nós putóg dhubh. An mharóg! Mar sin féin ní raibh cailleadh ar bith air. Níor thuig an fear bocht cén fáth a raibh muid lagtha ag gáire.

Tar éis an fhéasta bhí siamsa againn: ceol agus amhráin, agus chonaic muid físeán *Riverdance* den cheád uair. Chuir sé sin craiceáilte muid uilig agus bhí céilí againn go maidin. Ar a lán bealaí, ba í an Nollaig ba dheise a chaith mé riamh í.

Ar theacht mhí Eanáir chuaigh go leor den fhoireann abhaile – bhí sé mhí caite acu i nGoma. D'aistrigh mise go Kigali i Ruanda le hoifig a bhunú ann do GOAL. Bhí aerfort na cathrach oscailte agus rialtas Paul Kagame i gcumhacht. Bhí an tír scriosta bánaithe agus na mairbh fós gan chur. Bhí cúrsaí slándála go han-dona agus daoine le gunnaí chuile áit, agus bhí faitíos ar chuile dhuine go ndéanfadh teifigh Goma ionsaí orthu le cabhair ó Uachtarán Mobutu na Sáíre. Níor leag muid cos taobh amuigh de Kigali.

Bhí a fhios agam go raibh mé traochta, agus bhí cumha orm. D'aithin na daoine nua an strus orm agus bhí sé ag teannadh go deireadh mo thréimhse. D'fhill mé abhaile i mí Feabhra, go Currach fuar feannta Chill Dara. Gheall mé go dtiocfainn ar ais leis an áit a fheiceáil faoi shuaimhneas agus gan brú oibre, rud a rinne mé go minic ag obair agus ag taisteal.

Fuair mé amach nach féidir oirthear na hAfraice a fheiceáil ó eitleán faoi dheifir ná ní féidir aithne cheart a chur ar na daoine ná a gcultúr gan casadh leo agus rithim na háite a bhlaiseadh. Tá Afraic eile ann seachas Afraic na maruithe, an tsléachta agus an ghorta. Ní fheictear mórán den ghean, den spraoi ná de roinnt an bheagáin i meáin an iarthair. Mo thuras-sa: blaiseadh eile den Afraic – mo ghrá.

OILEÁN
LAMU

MÓRTHÍR NA CÉINIA

OILEÁN
LAMU

Caladh
Lama

Shela

Trá
Shela

Aerstráice

OILEÁN
MANDA

Fothrach
Takwa

1. Oileán Lamu

"Tar liomsa, tar liomsa má tá tú ag iarraidh áit le fanacht." Bhí scata fear óg ag iarraidh breith orm ag an ngeata. Bhreathnaigh mé thart ag súil go bhfeicfinn an raibh duine ar bith ann romham, mar a gealladh dom. B'ansin a chonaic mé é, an clár beag dubh agus *Mister Frank* scríofa air. "Ná bac leo. Is mise Ahmed, tabharfaidh mise chomh fada leis an óstan thú," a dúirt sé agus é á chur féin in aithne dom. Chroch sé mo mhála suas ar a chloigeann agus shiúil muid ón aerstráice i dtreo na céibhe.

Déanann an t-aerstráice freastal ar na hoileáin uilig gar d'oileán Lamu. Tá Lamu amach ó chósta na Céinia, ceann de cheithre cinn nó níos mó d'oileáin bheaga gar dá chéile agus iad cóngarach don teorainn leis an tSomáil. Ní raibh ar an eitleán an mhaidin gheal sin ach seisear nó seachtar againn. In aice liomsa bhí Gearmánach, é ar saoire mar a bhí mé féin.

Is cosúil nach raibh mé féin agus an Gearmánach ag fanacht san óstán céanna ach dúirt Ahmed go dtabharfadh sé marcaíocht dó. Shuigh muid sa mbád innill agus d'inis sé dúinn go dtógfadh an turas thart ar leathuair. D'ardaigh mo chroí nuair a chonaic mé uaim oileán Lamu, mar tar éis lá fada ag taisteal bhí mé ag súil le cith, agus bhí tart an diabhail orm. Bhí a fhios agam go raibh mé tuirseach ach choinnigh teannas an taistil beo mé. Ag an gcéibh bhí muintir an oileáin uilig shílfeá, nó cuid mhaith acu ar aon nós, ag fanacht le strainséirí nó le beartanna beaga a tháinig ar an eitleán ó Nairobi, nó as Malindi, áit ar stop muid le breosla ar an mbealach soir.

D'fhág mé slán ag an nGearmánach a bhí ag fanacht sa Sunsail Hotel agus shiúil mé bóthar na céibhe, ag leanacht Ahmed agus mo mhála. "Tá neart áiteanna le fanacht, níl séasúr na dturasóirí tosaithe ceart fós," a dúirt sé. Bhí an ceart aige. Ní raibh ag fanacht sa Lamu Palace ach beirt.

Chuir Maureen, bean an tí, fáilte romham le sú mangónna. "Fear mór thú, bail ó Dhia ort," a dúirt sí. "Tá mé le thú a athrú go seomra le leaba dhúbailte. Ach an oiread liom féin bheadh leaba mhór níos áisiúla dhuit." Níorbh fhada gur thit néal codlata orm sa leaba chéanna.

Bhí sé ina ardtráthnóna nuair a dhúisigh mé, agus tar éis dom mé féin a réiteach, shiúil mé an baile go bhfeicfinn cén sórt áite a bhí ann, go gcaithfinn seal ag spaisteoireacht. Shiúil mé an bóthar le cladach, an *pwani* mar a thugtar air, chomh fada leis an gcéibh. Ní raibh ann ach dhá chéad slat. Lean mé orm go dtáinig mé go deireadh an *prom*, dá mb'fhéidir *prom* a thabhairt air. Bhí an áit plódaithe; fir, mná agus gasúir i ngreim láimhe ina chéile ag baint suilt as an ngaoth bhreá fholláin ag teacht ón bhfarraige.

Is ar an *pwani* atá na hóstáin le radharc ar an bhfarraige, agus is ann atá an banc, oifig an phoist, teach an chustaim, na póilíní agus a leithéid. Tá bialanna ann freisin agus chaith mé seal san Bush Garden ag ól sú mangónna. Níl aon alcól le fáil sna bialanna seo. Is sna hóstáin atá faoi bhainistíocht Eorpach nó in áiteanna nach mbíonn Moslamaigh ag obair a óltar deochanna meisciúla. Ní óltar alcól go poiblí os comhair an tsaoil ach an oiread. Ní hé go bhfuil sé in aghaidh an dlí ach glactar leis mar chuid de shaol an oileáin.

Taobh thiar den *pwani* tá baile Lamu, nó "Stone Town" mar a thugtar go minic air. Ag siúl na sráideanna shílfeá go raibh tú ag dul siar go ré eile. Tá na foirgnimh ard, trí stór ar airde cuid acu, agus an tsráid chomh caol in áiteanna gur féidir lámh a chroitheadh le do chomharsa trasna na sráide. Ní hiontas gur láthair oidhreachta domhanda ar liosta UNESCO é baile Lamu.

Mar a thuigfeá, níl aon fheithicil taobh thiar den *pwani*. Níl ar an oileán ach *jeep* Choimisinéir an Cheantair agus otharcarr. Is é an t-asal rí an oileáin agus bíonn na mílte acu ag iompar lastais ar chléibh agus ag iompar daoine ó áit go háit. Feictear, freisin, fir óga ag tarraingt carranna beaga, iad ag seasamh idir na seaftaí. Cloistear ag teacht iad ag fógairt, "*Onyo! Onyo!*" (seachain, seachain). Ó thráth go chéile ní mór duit seasamh i ndoras tí nó siopa len iad a ligean tharat.

Bíonn na siopaí, na *dukas*, ar oscailt ón hocht ar maidin go dtí a haon a chlog san iarnóin. Tar éis sosa ón dó go dtí a trí osclaíonn siad arís. Níl aon ollmhargadh ann; siopaí beaga iad uilig. Is féidir chuile chineál ruda a cheannacht iontu, agus bíonn earraí crochta in airde acu ar na doirse agus taobh istigh. Tá cáil faoi leith ar an *kanga*, an sciorta ildaite cadáis a chaitheann na fir agus na mná. Téann siad ó bhásta go rúitín agus bíonn neart siopaí á ndíol. Bíonn seanfhocail priondáilte ar chuid acu.

Taobh amuigh de na gnáthshiopaí bíonn na *fundi*, na fir a chuireann caoi ar rudaí. Ní chaitear amach tada anseo agus is féidir beagnach chuile chineál ruda atá briste a dheisiú. Murar féidir caoi a chur air is féidir rud eile a dhéanamh as. Seo athchúrsáil agus mura mbíonn an rud uait inniu is é a shábhálfaidh tú lá éigin eile. Ar an tsráid freisin tá fear a chuireann caoi ar bhróga, cuaráin, *flip flops* fiú. Féadann tú suí síos ar stól in aice leis agus fanacht go mbeidh siad deisithe. Tá fear eile ann a chuireann caoi ar spéacláirí briste agus fear eile a chuirfeas caoi ar d'uaireadóir. Tá cáil faoi leith ar *fundi* na rothar agus tá sé siúd in ann rud ar bith as iarann a dheisiú le gléas táthaithe. Tá siopa gréasaí ann agus tá táilliúir ann. Chonaic mé siopa beag agus fear ann ag cur caoi ar fhónanna póca. Tá siopa téacsleabhar ann agus is féidir páipéar an lae inné a cheannacht ann.

Ar an taobh ó dheas den bhaile tá an *mkunguni*, cearnóg an bhaile, agus Músaem an Dúin. Tá binsí ann agus is féidir seal a chaitheamh ar scáth an dá chrann *casuarina* ag breathnú uait, mar a dhéanann fir an bhaile. Corrlá caithim seal ag breathnú ar an bhfear a bhíonn ag díol cógais leighis ar imeall na cearnóige. Bíonn scata mór thart air, go mórmhór daoine as na hoileáin eile ar cuairt lae ar Lamu. As a phóca tarraingíonn sé píosa cailce scoile agus scríobhann sé rud éigin ar an talamh. Tarraingíonn sé pictiúr d'fhear nó bean. Ardaíonn sé a ghlór. Scanraítear na daoine. Breathnaíonn sé thart arís orthu agus cuireann sé ag gáire iad le dea-chaint. Bíonn chuile dhuine faoi dhraíocht aige, lena chuid cainte, agus geáitsíocht aige mar a bheadh ag Del Boy ar an margadh. Ar ndóigh bíonn a chara ag coinneáil súile ar na póilíní mar tá comhartha dátheangach crochta: "*No hawkers allowed*".

Bíonn na fir ag imirt *Bao*, an cluiche ársa a imrítear ar fud na hAfraice. Is clár é an *Bao* le poill agus liathróidí beaga ar nós mirlíní a bhogtar ó pholl amháin go poll eile. Tá an cluiche casta agus imrítear é le fuinneamh. Deirtear go bhfuil sé cosúil le *backgammon* ach nach gcaitear dísle. Bíonn na cláir ornáideach agus tá cáil ar imreoirí áirithe as a gcuid stráitéisí agus taiticí.

I ngar don chearnóg tá margaí na nglasraí agus an éisc. Is mó sliog-éisc ná tada eile atá ann, idir phortáin, ghliomaigh agus chlocháin. Is cosúil go ndíoltar an t-iasc ag an gcéibh go moch ar maidin. Is féidir cnó cócó a cheannacht agus bainfidh leaid an "claibín" de le go n-ólfaidh tú an sú as le sop. Bíonn boladh faoi leith sna sráideanna, idir spíosraí, sicíní á róstadh agus, ar ndóigh, cac asail.

Agus tú chomh gar seo don mheánchiorcal téann an ghrian faoi go tobann. Tá draíocht éigin ag baint le dul faoi na gréine anseo, an tairseach idir lá agus oíche. Thóg mé sos ar dhíon an óstáin ag breathnú siar ar na báid á gceangal le céibh agus ag éisteacht le gnáthfhothram an tsaoil, gasúir ag spraoi agus máithreacha ag cur fios orthu, buachaillí óga an ciceáil liathróide agus cailíní óga ag siosarnach agus ag sciotaíl agus iad ag siúl lámh ar láimh. Cloistear freisin an *Muezzin*, an fear beannaithe, ag rá an *Adhan*, ag fógairt go bhfuil sé in am dul go dtí an mosc agus urnaí deireadh lae a rá. "*Allahu Akbar. Allahu Akbar.*" (Is é Dia is láidre. Is é Dia is láidre.)

Tar éis scaithimh lastar soilse na spéire, na milliúin agus na milliúin réalta. Seolfar abhaile go sábháilte na báid atá fós ar farraige. Ardófar na potaí agus crochfar na seolta, agus go ríghairid, *insallah* (le cúnamh Dé), beidh siad le céibh agus mná an bhaile ag leagan amach beilí le suaimhneas. Is deacair a chreidiúint gurb iad na réaltaí céanna a thaispeáin an bealach abhaile do bhádóirí Lamu agus atá os ár gcionn sa mbaile. Tá siad chomh lonrach, chomh glan ag breathnú go sílfeá go bhféadfá do lámh a leagan orthu, tá siad chomh gar sin duit – agus an oiread acu atá ann! Ní hiontas go ndeirtear *"Al Hamdu Lilah"* (moladh le Dia) chomh minic sin.

Bhí sé socraithe agam go dtógfainn dabha le píosa seoltóireachta a dhéanamh. Cé nach fear báid mé, bhí sé ar intinn agam seoladh ó Lamu go Mombasa, mar a dhéantaí fadó. Thosaigh an captaen, Boh Boh, ag gáire. "Thógfadh sé mí orainn an tráth seo den bhliain an turas sin a dhéanamh: an ghaoth, an ghaoth ón treo mícheart." Mhínigh sé na séasúir dom. Ó Bhealtaine go Samhain séideann an ghaoth anoir aneas, an *Kusi*. Bíonn báisteach ann agus farraigí arda. Le linn *Kusi* fanann na báid i ngar don chósta. Ó Nollaig go hAibreán séideann an ghaoth anoir aduaidh, an *Kas Kazi*. Bíonn sé ina shamhradh le gaoth farraige agus neart éisc, portán agus gliomach. Anois is arís séideann gaoth láidir ach is annamh a shéideann sé ina stoirm.

Thosaigh Hassan, mac le Boh Boh, é féin ag gáire. Ar nós chuile áit eile ní thuigeann na bádóirí an t-aineolaí. "Ach," a dúirt sé, "déanfaidh muid turas ó dheas. An bhfuil aon mhaith leat ag iascach? Is cuma, beidh spraoi againn."

Bhí fuadar fúthu, mar a bhíonn go hiondúil ar lucht báid agus iad ag réiteach le cur chun farraige. Ag an nóiméad cuí d'ardaigh Hassan an t-ancaire agus isteach leis sa dabha. Chrochadar an seol. "Suigh ar an taobh eile, maith an fear," a dúirt Boh Boh. Bhí muid ar an mbealach.

Téann na dabhaí siar i bhfad sa stair. Is báid Arabacha iad le seol *lateen*. Is éard is *lateen* ann seol triantánach crochta ar chrann an bháid ag uillinn daichead a cúig céim ag dul ó thosach go deireadh an bháid. In aimsir na Rómhánach bhíodh neart acu ar an Níl, sa Meánmhuir agus ar an Aigéan Indiach. Nuair a tháinig na hArabaigh go hoirthear na hAfraice is ar dhabhaí a sheoladar. Tá a sliocht fós anseo. Le himeacht ama athraíodh dearadh na mbád agus na seolta. Bhí níos mó bád mór ann le seolta cearnógacha ach choinnigh muintir na háite seo leis na dabhaí mar go bhfeileann siad thar aon soitheach eile don aimsir, don fharraige agus do na ceardaithe.

D'iompraíodh na dabhaí lastas – mangróibh, dátaí agus éisc – idir oirthear na hAfraice agus Murascaill na Peirse. Sheolaidís ó dheas le monsún an gheimhridh nó i dtús an earraigh. Sheolaidís ar ais go dtí an Araib i dtús an gheimhridh nó ag deireadh an earraigh. D'úsáididís an *kamal* le domhanleithead a aimsiú: an uillinn idir an Réalta Thuaidh agus íor na spéire. Píosa adhmaid dhá orlach ar orlach le fiacla gearrtha inti agus píosa corda le snaidhmeanna é an *kamal*. Roimh theacht an chompáis bhídís in ann seoladh soir siar gan stró ag brath ar an ngrian agus na réaltaí.

Go dtí tús na seachtóidí bhíodh na báid ag iompar adhmad mangróibh go Mombasa, ó dheas de Lamu. Dabhaí móra a bhí iontu, ar a gcumas suas le 270 tonna a iompar. Bhíodh criú dhá dhuine dhéag ar na báid leis an seol mór a ardú agus na saltracha mangróibh a luchtú agus a dhíluchtú. Tá adhmad na mangróbh fós in úsáid i dtionscal na tógála ar Lamu mar ní itheann feithidí ar nós teirmítí iad. Ach le brabach ola bhí na hArabaigh ag tógáil foirgnimh arda as iarann agus coincréit agus ní raibh an oiread sin tóra ar an mangróbh ní ba mhó.

Tá formhór na ndabhaí atá anois ann níos lú agus iad ag iascach i ngar don chósta, agus tá cuid eile acu réitithe amach le haghaidh geallta nó le turasóirí, ar mo nós féin, a iompar. *Mashua* a thugtar ar an gcineál dabha atá anois acu i Lamu. Ach, bídís beag nó mór, tá scil ar leith ag baint leo. Seol amháin atá orthu chun tosaigh agus traipéis i lár báire. De chlár caol atá an traipéis déanta agus is féidir é a athrú ó thaobh amháin go dtí an taobh eile – b'in é an jab is mó a bhí ag Hassan. Úsáidtear málaí gainimh atá caite i lár báire mar bhallasta, agus idir bhallasta agus an traipéis bhí Hassan coinnithe gnóthach.

Níl mórán Swahili, an teanga áitiúil, agam ach, buíochas le Dia, bhí neart Béarla ag an mbeirt acu. Bhí Hassan ceithre bliana déag d'aois agus níos mó suime aige i gceird a athar ná sna leabhair scoile. "Beidh mise i mo chaptaen dabha amach anseo," a dúirt sé. Bhí meangadh gáire ar Bhoh Boh agus é ag oibriú an halmadóra le méara a choise. "Is leaid maith é agus faraor géar nár choinnigh sé leis an scolaíocht. Ach caithfidh sé cúpla bliain eile a chaitheamh amuigh ansin ar an traipéis sula mbeidh sé ina chaptaen." Bhí Hassan é féin ag gáire agus é ag cur guaillí air féin os comhair an strainséara.

Bhí rithim dá gcuid féin ag an mbeirt, seal ag caint agus ag comhrá, seal ag freagairt mo chuid ceisteanna. Ag tornáil bhíodh Hassan ag dul go hard ar an traipéis. Shílfeá go raibh tuiscint aige ón nádúr cén meáchan a bhí le cur ar an gclár caol sin. Scaití bhíodh Boh Boh ag glaoch amach orduithe. De phreab d'ardaíodh Hassan an traipéis agus leagadh sé é ar thaobh eile an bháid.

"An bhfuil ocras ort?" arsa Boh Boh.

"D'íosfainn greim, cinnte," a d'fhreagair mé agus goin orm faoin aer breá folláin. Sheol muid gar d'oileán mangróbh, agus chaith Hassan amach an t-ancaire agus thosaigh muid ag tochailt sa ngaineamh ag cuartú péiste.

"Is maith leis na héisc na cinn mhóra," a deir Hassan, ag breathnú go drochmheasúil ar na cinn bheaga shuaracha a fuair mé féin.

Mura bhfuil aon scil agam i mbádóireacht is lú fós an scil atá agam le líne ag iascach agus níorbh fhiú na héisc a mharaigh mé le cleith bheag a choinneáil. Ach níorbh fhada go raibh ár mbéile glanta ag Hassan le scian bhreá ghéar a bhí aige. Sé cinn de sclamhairí a bhí maraithe ag an mbeirt.

Chroch muid seol arís agus thaispeáin Boh Boh dom a raibh aige i mála plaisteach – luach an céad scilling (thart ar euro amháin) a thug mé dó níos luaithe ar maidin. Bhí rís, trátaí, cnó cócó, gairleog agus chuile shórt ní aige. D'fhógair sé go gcaithfeadh muid seal ar ancaire ar oileán Manda. "Is féidir leatsa fanacht thall ansin, bolg le gréin. Glaofaidh mise ort nuair a bheas sé réidh." B'fhéidir go raibh a gcuid

bealaí féin acu ach ní fhaca mise céard a bhí ar siúl acu. Ba chuma liom.
Bhí leabhar le léamh agam agus chuimil mé neart ola gréine uimhir a
fiche orm féin.

"Tá do bhéile réidh." Dhúisigh mé ó shuan breá lár an lae. Bhí a
mbéile ite ag an mbeirt cheana agus shuigh mé síos ar charnán cloch a
bhí réitithe dom. Cé acu ab fhearr, an blas nó an boladh? Bhí an dá iasc
rósta ar phláta amháin, na cloigne fágtha orthu. Istigh i mias bhí an rís
measctha le sú an chnó cócó, na trátaí, oinniúin agus chuile ní eile. Cén
mhaith a bheith ag caint nó ag scríobh nó ag trácht ar bhialanna móra
an domhain thiar agus thoir. D'ith mé chuile ní, idir fheoil agus
chnámha beagnach. D'fhág Boh Boh agus Hassan i m'aonar mé ag ithe.
Thug mé ardmholadh dóibh and bhíodar sásta ag breathnú ar an bpláta
plaisteach agus an mhias. Ní mórán níocháin a bhí ag teastáil.

D'éirigh mé an mhaidin dár gcionn tar éis lá breá fada a bheith caite
agam ar an bhfarraige. Bhí an "cór" áitiúil i mbarr réime: an *Muezzin* ag
glaoch ón mosc, an coileach ag fógairt an lae agus grágaíl na n-asal –
agus ós ag caint ar na hasail é, tá na céadta acu ann, idir sheanasail, asail
óga, asail chraite, agus ar ndóigh, asail cheanndána, agus cuid mhaith acu
gar don óstán. Scríobh an Fáidh Mohammed nár cheart an t-asal a
bhualadh ar an gcloigeann le maide, ach ní thugann muintir Lamu
mórán airde ar an gcuid sin den Chórán.

Shiúil mé le cladach go gcasfainn le Boh Boh. Gheall sé dom go
dtaispeánfadh sé dom na báid á ndeisiú. Tá na huirlisí simplí céanna in
úsáid sa lá atá inniu ann agus a bhíodh acu fadó: tua, druil, máilléad agus

casúr. As bogha agus fearsaid atá an druil déanta. Níl aon chaint ar an Black and Decker. Nuair is gá lúbtar na cláir le huisce fiuchta i bpota mór os cionn tine ghualaigh. Mhínigh Boh Boh dom gur féidir obair na bhfear ceirde a aithint ag dul siar na glúnta. Ní thógtar an oiread sin bád as an nua agus caitear an t-uafás ama ag cur caoi orthu. Tá méarlorg na sinsear ar chuile chlár agus crann, a dúirt sé, agus tá na ceardaithe bródúil as a gcuid oibre agus as an traidisiún breá láidir beo. Ach níl aon seafóid ná maoithneachas ag baint leis; tuigeann siad nach féidir an traidisiún a choinneáil beo mura bhfuil fáth leis.

Bhí an saor báid ag calcadh. Chuimil sé an t-ócam agus bhrúigh sé é idir na cláir le maide gobach. Cheistigh mé é faoin íomhá ghorm chiorclach atá péinteáilte ar bhogha gach báid. "Nach bhfuil cait agaibh sa mbaile? Sin súil an chait. Cosnaíonn sí muid ón anachain." Bhreathnaigh sé go haisteach orm. "Shílfeá nach gcreideann tú mé?" Is dóigh nár cheart beag is fiú a dhéanamh de phisreoga daoine eile. "Tá neart acu sin sa mbaile againn," a dúirt mé. Chroith sé a chloigeann agus choinnigh sé air ag calcadh.

Tá cait Lamu neamhghnách mar gurb ionann iad agus na cait a bhíodh ann fadó san Éigipt in aimsir an bhFarónna. Tá an cloigeann céanna orthu agus na súile pointeacha céanna orthu is atá le feiceáil ar iairiglifí nó ar chait atá coinnithe sna cónraí mar chomhluadar don rí. Is cosúil gur thug na bádóirí abhaile leo as an Éigipt iad agus tá neart acu ann anois. Ceal caidrimh le cait na linne seo tá mianach chait na Níle iontu i gcónaí. Is beag a thaitníonn siad liomsa áfach.

Cé gur tháinig meath ar gheilleagar Lamu nuair a chlis ar thrádáil na mangróbh, tá rudaí ag feabhsú ó thosaigh na turasóirí ag teacht. Tá na bádóirí gnóthach leo ag iascach, ag dul ar safari báid go dtí na hoileáin eile, agus bíonn an-tóir ar *sundowners* – turas dheireadh an lae agus sláinte dul faoi na gréine a ól.

Tá na bádóirí an-bhródúil as a gcuid scileanna bádóireachta agus bíonn coimhlint ghéar eatarthu. Bíonn an rás is mó cáil ar na hoileáin ann le linn na féile Maulidi san earrach. Pioctar deich gcinn de na dabhaí le dul in iomaíocht le chéile ar chúrsa casta. Bíonn an t-oileán plódaithe le linn na féile mar go dtagann muintir na n-oileán atá ar an mórthír abhaile. Maireann cáil an bhuaiteora ar feadh bliain amháin ach maireann scéalta faoi rásaí achrannacha agus gangaid idir threibheanna i bhfad níos faide ná sin.

Bhí feisire parlaiminte ag fanacht san óstán céanna liom. D'inis sé dom go dtagann sé ar cuairt uair nó dhó sa ráithe. Bíonn clinic aige san óstán, agus i gcúinne sa seomra bia a chaithfeadh sé an tráthnóna ag casadh le muintir na háite agus ag éisteacht lena gcuid "pléadáil" mar a dúirt sé. Fear mór láidir ab ea é, le maide, agus thug muintir na háite *Muzee* air – an focal Swahili ar fhear críonna, atá amach sna blianta. Chaith sé éide thraidisiúnta na Moslamach, an *kanzu* (róba bán ar nós gúna oíche go ruitín). Bhí an *kofia*, hata bróidnithe, á chaitheamh aige freisin.

Dúradh liom go raibh ardmheas air mar go dtagadh sé go minic agus ní hamháin ag aimsir thoghcháin, mar a dhéanadh an fear a bhí ann roimhe. Ganntanas uisce agus an córas fabhtach leictreachais na fadhbanna is mó atá ar an oileán. Bíonn siad ag brath ar ghineadóir díosail agus teipeann ar an gcóras go minic. Bíonn an t-uisce gann agus níl a ndóthain dabhcha acu le huisce a stóráil. Go deimhin, bhraith mé nach bhfuil muintir an oileáin róshásta leis an gcóras stáit agus an chaoi a gcaitheann Nairobi leo.

Tá riachtanais an oileáin athraithe ó thosaigh na *hippies* ag teacht sna seascaidí. Bhíodh cuid acu ar a mbealach go Goa san India agus chaithidís seal ar Lamu. Glacadh leo agus d'fhan siad sna tithe seachas a bheith ag campáil ar an trá. Ghlacadar le nósanna maireachtála Lamu agus bhíodar caoithiúil, measúil agus níor mhaslaigh siad creideamh ná moráltacht na ndaoine. D'fhan cuid acu agus bíonn corr-sean*hippie* fós le feiceáil lena ngruaig fhada, seoda agus *flip flops*. Bhí an strainséir riamh lárnach i saol agus i gcultúr an chósta agus na n-oileán. Cé go dtugtar cultúr Arabach ar an gcultúr sin, bheadh sé níos cruinne cultúr Swahili a thabhairt air. Ciallaíonn an focal *swahili* féin cósta.

Ba iad na Portaingéiligh an chéad dream ón taobh amuigh a cheansaigh an cósta, sa mbliain 1505. Ansin tháinig na Turcaigh i 1580 agus chuir siad an ruaig ar na Portaingéiligh. Ag deireadh an 17ú haois tháinig na hOmanaigh. Is as an meascán agus nascadh cultúr seo a fáisceadh an cultúr Swahili. Tháinig na hArabaigh sa 19ú haois. Ar chósta thoir na hAfraice tháinig mianach na Moslamach, na hIndiaigh, na hArabaigh, na Portaingéiligh agus, ar deireadh, na Breatanaigh, le chéile. Tá tionchar an mheascáin sin le sonrú ar chreideamh, teanga, litríocht, ailtireacht agus nósanna na Swahili.

Bhí an sclábhaíocht ina gné thábhachtach de chultúr an chósta. Fadó, dá mbeadh duine ar an ngannchuid, d'fhéadfadh sé mac nó iníon óg leis a thabhairt ar iasacht do chlann shaibhir. Mar chuid den bhabhtáil thabharfaí bia nó earraí eile don chlann bhocht. Bhainfeadh an chlann shaibhir obair as an ógánach go dtí go mbeadh na fiacha glanta. Ach le hús trom, bheidís coinnithe i ndaoirse ar feadh blianta fada.

Thógtaí sclábhaithe freisin le ruathair intíre. Dhíoladh taoisigh agus seanóirí na dtreibheanna fir, mná agus gasúir le mangairí sclábhaithe. Thugtaí ar bháid iad go dtí an Araib le n-oibriú sna garranta ar chósta thoir na hAraibe. Ba é oileán Shainsibeár lárionad na trádála barbartha seo go dtí gur chuir rialtas na Breataine deireadh leis go foirmeálta. Ach lean an daoirse faoi thalamh go ceann tamaill eile agus tá a smál fós le sonrú i measc shliocht na n-iarsclábhaithe.

Labhrann caoga milliún duine san Afraic Swahili agus ní ar an gcósta amháin. Scaip an teanga chomh fada siar leis an gCongó agus ó dheas go deisceart na hAfraice mar go raibh muintir an chósta iontach i gcónaí ag taisteal. Choinníodar an teanga beo le himirce agus le trádáil. D'fhoghlaim misinéirí na Críostaíochta Swahili agus bhaineadar leas aisti leis an gcreideamh a scaipeadh. D'aistrigh siad an Bíobla ó Bhéarla go Swahili agus chuireadar foclóir Béarla–Swahili ar fáil. Le linn ré an choilíneachais baineadh leas as an teanga leis na tíortha a rialú, agus rinneadh caighdeánú uirthi. Phiocadar an chanúint a bhí ar oileán Shainsibeár agus leagadh síos gurb í sin feasta caighdeán oifigiúil na teanga. Ó shin i leith tá sí á húsáid sna leabhair scoile, sna meáin agus i ngach aon cháipéis fhoirmeálta. Is í teanga náisiúnta na Tansáine, Uganda agus na Céinia í. Tá seirbhís ar fáil don diaspóra freisin. Tá seirbhís Swahili ag an BBC, Voice of America, Radio China agus stáisiúin eile nach iad.

An té a d'éistfeadh le Swahili á labhairt thuigfeadh sé gur ón mBéarla a eascraíonn go leor d'fhocail na haoise seo: *basi* (bus), *baiskeli* (rothar), *penseli* (peann luaidhe), *koti* (cóta), *daktari* (dochtúir) agus – an ceann is ansa liom féin – *keeplefti* (timpeallán tráchta). Cloisfidh tú Béarla nó frásaí Béarla measctha tríd an Swahili nuair a bhíonn caint ar siúl faoi chúrsaí eacnamaíochta nó nuatheicneolaíochta. Tá focail ón bPeirsis agus ón Arabais sa teanga freisin.

Tarraingíodh aird an domhain ar oirthear na hAfraice tar éis ionsaithe Al Qaeda ar ambasáidí Stáit Aontaithe Mheiriceá sa gCéinia agus sa Tansáin sa mbliain 1998. Sa bhfeachtas céanna d'ionsaíodar cathair Mombasa, atá ar an gcósta, ó dheas de Lamu. Tá sé ráite go bhfuil sé i gceist bunáit cabhlaigh Mheiriceánach a bhunú ar oileán Manda gar do bhunáit cabhlaigh na Céinia atá ann cheana féin. Tá na Meiriceánaigh ag coinneáil súil ghéar ar an tSomáil agus ar an Aetóip faoi láthair. Bíonn canúint Mheiriceá le cloisteáil anois ar Lamu – fir óga féasógacha, gléasta in éadach sibhialtach ionas nach mbeidh siad chomh feiceálach i measc na Moslamach.

Is iad foghlaithe mara ón tSomáil seachas Osama bin Laden is mó atá ag cur as do na Meiriceánaigh faoi láthair. Ón mbliain 2005 i leith ghabh na foghlaithe seilbh le láimh láidir ar na céadta tancaer ola agus bád lastais. Thosaíodar i Murascaill Áidin agus anois tá siad ag ionsaí na mbád san Aigéan Indiach. Tá sé ráite go bhfuil suas le $150 milliún d'airgead fuascailte íoctha ag úinéirí na mbád leis na foghlaithe.

Tá sé rídheacair na longa iompair a chosaint ó na foghlaithe. Tagann siad aniar aduaidh ar na longa i mbáid mhóra iascaigh mar dhea, ach bíonn báid rubair nó *Rigid Inflatable Boats* (RIB) acu i bhfolach ar bord. Gar do chaochspota an tancaeir lainseálann siad an RIB. Ansin dreapann siad ar bord le crocha tógála nó *grappling hooks*, iad armtha le raidhfilí nó le granáidí roicéid. Ar iompú do bhoise tá seilbh acu ar long mhór ar fiú na milliúin í, idir an long féin agus a bhfuil ar bord aici, agus as go brách leo go cósta na Somáile.

Tá sé beagnach dodhéanta breith ar na foghlaithe, mar is bádóirí den chéad scoth iad, agus baineann siad leas as teicneolaíocht na linne seo, idir an córas suite domhanda (GPS) agus fóin satailíte. Tá siad slán sábhailte amach ón tSomáil mar nach bhfuil aon údarás ann le cur isteach orthu. Tugann siad an-aire do chriú na loinge agus scaoiltear saor iad le híocaíocht an airgid fhuascailte. Baintear leas as paraisiút chun an t-airgead a íoc leo go minic.

Tá na húdaráis dhomhanda ag iarraidh dul i ngleic leo agus tá longa cogaidh ó chuile cheard den domhan ann le breith orthu. Éiríonn leo ó am go ham ach tá an t-aigéan an-mhór agus bua na geite ag na foghlaithe. Tá muintir an chósta báúil leo. Deir siad gur sciobadh na héisc agus gur dumpáladh dramhaíl mharfach nimhiúil gar don chósta. Is dóigh nach mbeidh aon réiteach air go dtí go mbeidh rialtas láidir dá gcuid féin acu sa tSomáil.

Ghlac muintir Lamu le strainséirí ón gcéad lá riamh, cé nach í an dea-cháil atá ar pholasaithe Mheiriceá sna tíortha Moslamacha na laethanta seo. Caitheann na mná an seál, mar a bheifeá ag súil, agus caitheann cuid acu an *burqa*, gan le feiceáil ach na súile. Tá an rogha acu.

Tá an séipéal Caitliceach ar shráid an chladaigh agus léitear aifreann ann chuile Dhomhnach. Is ceiliúradh é an t-aifreann, cinnte. Bíonn teach an phobail plódaithe, an cine gorm a bhformhór, fir, mná agus a gcuid gasúr. Caitear éadach an Domhnaigh agus snas air. Caitheann na mná gúnaí fada ildaite le scairf ar an bpatrún céanna. Breathnaíonn na gasúir chomh bródúil ag caitheamh bróga dubha snasleathair agus stocaí bána.

Chloisfeá na drumaí in Árainn! Tosaíonn triúr nó ceathrar ag gabháil fhoinn agus leanann an chuid eile iad, go breá láidir mar a bheadh cór i bpáirteanna. Bíonn na daoine ag luascadh leis an gceol agus ag bualadh bos. D'ardódh an beocht spiorad do chroí agus d'anama. Tá tionchar na hEaglaise Cincísí le sonrú go láidir anseo. Siúlann an sagart i measc an phobail agus é ag seanmóireacht. Cuireann gasúir corrcheist air. Freagraíonn sé iad agus tugtar bualadh bos dó. Ní bhíonn aon deifir air ach an oiread, agus is iondúil go maireann an t-aifreann uair an chloig.

Fágann an sagart slán leo ag an doras agus croitheann sé lámh le sean agus óg. Déanann an pobal ar na *hotelis* nó na bialanna ar bhóthar an chladaigh. Ólann siad Stoney Tangawizi, deoch neamh-mheisciúil a dhéanann Coca-Cola in oirthear na hAfraice. Tá Stoney iontach don tart, le blas sinséir air.

Ar an Aoine dúntar na siopaí ag meán lae. Feiceann tú na fir ag déanamh ar an mosc agus iad feistithe i *jalabiya* bán go talamh agus caipín beag ornáidithe orthu. Bíonn siad bearrtha agus faigheann tú boladh cumhráin agus iad ag dul thar bhráid. Feiceann tú, freisin, an carnán bróg agus cuarán ag an doras. Nitear na cosa agus cromann siad ina línte i dtreo Mecca. Cloiseann tú macalla véarsaí ón gCóran ag ardú go spéir.

Tar éis seachtaine cuirtear aithne orm agus éiríonn muintir Lamu cairdiúil liom, le "*Habari?*" (cén chaoi a bhfuil tú). Bím "*Mzuri!*" (iontach). Caithim seal ag léamh páipéir nuachta Nairobi, an *Nation* agus an *Standard,* i gcaifé Whispers. Caithim tamall ag léamh, ag déanamh bolg le gréin ar thrá oileán Manda nó ag siúl cois cladaigh. Glac le rithim na háite agus fág i do dhiaidh stró agus brú na linne seo.

Tá baile Shela ó dheas de bhaile Lamu. Is féidir siúl ann ó bhaile Lamu agus é ina thrá, nó bád a thógáil. Ní raibh aon fhonn orm siúl le mála ar feadh uair an chloig, agus ní mhaireann turas bád innill ach leathuair. Dúirt Maureen liom gurbh fhiú an áit a fheiceáil, agus chuir sí in aithne mé do Hamid mar go mbíonn áit le fanacht ag a mhuintir. Bhí sé ag fanacht liom ag an gcéibh agus d'iompair sé mo mhála chuig teach aíochta an White House, atá i bhfoisceacht caoga slat den chéibh.

Tá sráideanna bhaile Shela chomh caol le cosán coisithe sa mbaile, gan orthu ach gaineamh, agus, ar nós bhaile Lamu, tá neart asal ann le lastas a iompar aníos ón gcéibh. Níl an rothar féin sa mbaile beag seo agus tá cosúlacht baile Arabaigh air le foirgnimh arda ar chaon taobh den tsráid. Anseo is ansiúd tá siopaí beaga ag díol glasraí agus nithe eile faoi scáthbhrat.

"Tá súil agam go bhfeilfidh an áit seo dhuit," a dúirt Hamid. Sa seomra bhí leaba dhúbailte agus líon muiscítí crochta ar fhráma. Os cionn na leapa bhí gaothrán aeir, agus bhí tóirse ar an mbord cois na leapa. Tá síleálacha na seomraí níos airde ná mar atá sa mbaile agus tá na leapacha crochta go hard ón urlár, ar mhaithe le haerú an tseomra – tá siad chomh hard sin ón urlár go bhféadfadh duine eile codladh faoin leaba. Ach ar aon chaoi bíonn na seomraí breá aerach. Sin a raibh sa seomra. Bhí an teach breá glan agus fionnuar i mbrothall lár an lae. Ar an díon bhí trí leaba lae, mar a thugann siad orthu, ar scáth ceann tuí. Is gnách le muintir na háite iad féin a chaitheamh siar i lár an lae sna leapacha sin, ar nós *siesta* na Spáinne. Ní raibh mise leis an nós sin a bhriseadh.

Dhúisigh mé go tobann agus d'airigh mé uaim na gasúir sa *madrassa*, an scoil Ioslamach, ag aithris véarsaí ón gCórán. Bhí sé gar don trí a chlog agus mheall gaoth ón bhfarraige chun siúil agus snámha mé. Is cosúil nach raibh sa teach ach mé féin agus an fear óg a bhí i bhfeighil an tí. Ar mo bhealach amach chuir sé é féin in aithne dom. Kingy a bhí air agus d'inis sé dom go mbeadh bricfeasta le fáil ag a hocht agus dá bhfeicfinn aon strainséir ag cuartú lóistín iad a sheoladh chuige.

Tá trá Shela ar a laghad deich míle ar fhad agus í ar nós an fhógra teilifíse do na Bounty Bars. Tá na pailmeacha idir na dumhcha gainimh agus an trá, na tonnta ón bhfarraige ghlasghorm ag briseadh ar ghaineamh mín. Bíonn na portáin ag rith ón bhfarraige agus ag tolladh sa ngaineamh bog fliuch agus corr-éan, ar nós faoileáin, ag tomadh sa sáile. Ní raibh mórán fámairí le feiceáil agus tar éis dhá mhíle bhí mé i m'aonar. Ag bun na spéire bhí cúpla dabha le feiceáil.

Bhí mé ag cuimhneamh casadh ar ais nuair a chonaic mé uaim triopall camall agus fear óg á seoladh. *"Jambo, habari?"* a dúirt sé. *"Muzuri,"* a d'fhreagair mé. D'inis sé dom i mBéarla briste go raibh sé ar a bhealach ón taobh ó dheas den oileán agus go raibh sé ag tarraingt ghainimh chuig tógálaí i Shela. Mhínigh sé dom go raibh gaineamh ón taobh seo den oileán iontach agus go raibh neart coiréil ann. Bhreathnaigh sé i dtreo na farraige. "Tá báisteach air," a dúirt sé agus choinnigh sé air i dtreo an bhaile.

Siar uait ó oileán Manda a fheiceann tú na néalta ceatha. Tagann an bháisteach go hiondúil go moch ar maidin nó deireanach sa tráthnóna. Bíonn goimh san aer agus ansin tosaíonn sé ag rilleadh gan stad gan staonadh ar feadh leathuaire nó mar sin. Bíonn na sráideanna ina bpuiteach agus mná an bhaile ag déanamh a mbealaigh abhaile ó na garranta faoi scáthanna fearthainne ildaite. Ach is gearr go gcloistear na héin arís agus ní fada go dtriomaíonn gaineamh na sráide.

Tá rithim mhuintir bhaile Shela fite fuaite leis an mosc, an aimsir agus na séasúir, mar a bhíodh fadó. Ach tá Shela i bhfad níos ciúine ná baile Lamu. Éiríonn siad leis an lá, fir an bhaile ag déanamh ar an mosc, agus tar éis guí téann siad chomh fada leis an gcéibh. Bíonn na mná ag réiteach gasúr don scoil nó ag cur sna garranta. Feictear na gasúir ina gcuid éide scoile ag spraoi ar a mbealach chuig an scoil náisiúnta atá ar chúl an bhaile. Caitheann na cailíní seál liathdhearg Ioslamach. Níl Críostaithe ar bith sa mbaile seo. Cloistear na hasail ag grágaíl ag iompar lastais aníos ón gcéibh. Rithim nár athraigh leis na cianta, rithim shéasúr na báistí i mbaile Shela.

Ní fheileann an séasúr do chuile dhuine, go mórmhór na fámairí a thagann le luí faoin ngrian. Dúnann na hóstáin, an Peponi agus an

Kijani, sa mBealtaine agus sa Meitheamh. Bíonn na muiscítí fairsing tar éis na báistí agus contúirt na maláire ag baint leo. Ach an té a chuireann neart sú frithfheithidí air féin agus a choinneoidh a chraiceann clúdaithe san oíche, ní bhacfaidh siad leis. Tá an chomhairle sin ceart go leor go teoiriciúil ach tá an-chion ag na diabhail bheaga ar fhuil an duine ghil. Agus is cuma cé chomh cúramach is atá tú caithfidh tú na táibléid frithmhaláire a thógáil. Chuile shórt san áireamh, tá séasúr na báistí níos feiliúnaí domsa.

Ní raibh mé le bheith i m'aonar i bhfad eile mar d'fhógair Kingy ag an mbricfeasta go raibh beirt ag teacht ar an eitléan um thráthnóna. Bhí siad tagtha nuair a d'fhill mé ón trá. Lánúin nuaphósta ar mhí na meala: bhí Charles ina dhochtúir in ospidéal i Nairobi agus bhí Cathy ina banóstach le Kenya Airways, mar a d'inis siad dom ag bricfeasta an mhaidin dár gcionn. Shíl mé go mb'fhearr iad a fhágáil agus gan aon chaint a bhrú orthu. Ach tar éis cúpla lá bhí an-fhonn orthu dul ag seoltóireacht agus bheadh sé níos feiliúnaí agus níos saoire ceathrar ar a laghad a bheith le chéile.

Ba ghearr gur tháinig uimhir a ceathair, bean gheal darb ainm Jane as an Afraic Theas. Rinne muid socrú le Hassan, col ceathar le Mohammed, lá a chaitheamh ag seoltóireacht.

Bhí sé ina mhaidin bhreá agus lá bréa seoltóireachta geallta nuair a d'fhag muid céibh Shela, Hassan ar an halmadóir agus Abdullah, col ceathar eile leis, ag crochadh seoil. Thug muid cuairt i dtosach ar an taobh thiar d'oileán Manda, áit darb ainm Takwa, mar a bhfuil fothrach seanbhaile Ioslamaigh ón 17ú haois. Tá an áit faoi chúram Mhúsaem na Céinia agus bhí treoraí ann le stair na háite a mhíniú dúinn.

Ní fios go baileach cén fáth ar tréigeadh baile Takwa. B'fhéidir go raibh fíoruisce an bhaile truaillithe nó go raibh achrann éigin ann. Tá na foirgnimh dea-thógtha: bhí togha na saor cloiche ann agus an mosc agus doirse na dtithe i dtreo Mecca. Ar bhruach an bhaile tá oibilisc ard, é glan, gan inscríbhinn. Deirtear go bhfuil seanóirí an bhaile curtha san áit seo. Tagann muintir Shela ar oilithreacht chuile bhliain go Takwa ag guí go dtiocfaidh an bháisteach. Tá glaineacht na Moslamach le brath ann: tá neart secmraí folctha agus leithris sna fothracha.

Tá ré eile de stair oileán Manda ligthe i ndearmad. B'in ré chogadh na saoirse, ré na Mau Mau. Luann an staraí Caroline Elkins ina leabhar *Britain's Gulag: the Brutal End of Empire in Kenya* go raibh campa géibhinn ar an oileán i gceantar Takwa.

I mí Aibreáin 1954 a thosaigh imtheorannú threibh na Kikuya tar éis gur ionsaíodh feirmeoirí Briotanacha agus dílseoirí. Ba iad na Kikuyu an treibh ba láidre i lár na tíre agus ba iad a chuir tús le feachtas an neamhspleáchais. Gabhadh na mílte, a gceannaire, Jomo Kenyatta, ina measc. Lean an ré fhuilteach, bharbartha, bhrúidiúil seo gur bhain an tír a cuid neamhspleáchais amach i 1963.

Bhí an-chosúlacht idir polasaithe slándála na Breataine sa gCéinia agus na modhanna a leanadar san Afraic Theas aimsir Chogadh na mBórach (1899–1901). Ní hamháin gur gabhadh na fir ach coinníodh mná agus gasúir sna campaí géibhinn. D'fhulaing na céadta mílte sna campaí agus cailleadh na mílte de bharr drochbheatha, eitinn agus chuile chineál galair eile. Níor ceistíodh polasaithe na n-udarás i Sasana nuair a sceitheadh an scéal. Bhí an Chéinia dearmadta, agus murach gur labhair leithéidí Barbara Castle, ó Pháirtí Lucht Oibre na Breataine, amach, bheadh an domhan mór aineolach faoin gcás.

Ní haon áibhéil a rá gurbh ionann Kenyatta agus Mandela ár linne seo. Ar lá cinniúnach na saoirse dúirt Kenyatta gurbh fhearr dearmad uilig a dhéanamh ar ar tharla agus gach ar tharla a mhaitheamh. Dúirt sé go bhféadfadh na feirmeoirí geala fanacht agus a bheith ina saoránaigh de chuid an stáit nua, rud a tharla. Rinneadh dearmad ar ar tharla sna campaí agus ní bheadh aon chuimhne ná cuimhneachán ar ré na Mau Mau. Choinnigh na Kikuyu greim daingean ar an gcumhacht agus bhí an chosúlacht ann go raibh maoin na tíre á roinnt orthu siúd a d'fhan socair, séimh agus múinte. Tar éis ré Kenyatta ba í an bhreabaireacht seachas an roinnt a bhí chun tosaigh.

Sa lá atá inniu ann níl aon rian de ré na gcampaí géibhinn le feiceáil ar oileán Manda. Ach tá níos mó airde á tabhairt ar stair na Céinia sa mbaile agus i gcéin anois, agus ceaptar nár dhéileáil a muintir mar ba chóir lena stair agus gur cuireadh srian ar mhothúcháin agus nár insíodh scéal an drochshaoil. Ach, ar ndóigh, scríobhtar na leabhair staire ar mhaithe leo siúd a bhíonn freagrach as an mbrúidiúlacht seachas an tsibhialtacht.

Thug muid cuairt ar bhaile beag gan ainm ar Manda, nach bhfuil trácht air in aon leabhar taistil. Is ann a fhanann na fir a bhaineann na blocanna coiréil. Is ionann an coiréal seo agus an coiréal atá le fáil ar Thrá an Dóilín ar an gCeathrú Rua mar shampla, ach seachas é a bheith ina ghruán tá sé chomh dlúth sin gur féidir é a ghearradh le sámh faoi mar a ghearrfaí marmar i gcoiléar. Is as iarthar na tíre an dream a bhíonn ag obair ann, a thagann go dtí an áit lena gcuid ban agus lena gcuid páistí. Is den Luo iad, treibh a chónaíonn ar bhruach Loch Victoria. Tá cáil ar a neart agus ar a stuaim agus cuireann siad fúthu i mbotháin shuaracha ag baint na mblocanna agus á ndíol le lucht tógála. Is obair na gcapall í cinnte, thíos i bpoll gan foscadh, ar bhrabach fánach.

Mhair an comhrá leis an mbeirt nuaphósta amach go maith san oíche agus muid ag ithe greim i mbialann an Barracuda. Mhínigh Charles agus Cathy dúinn go mbíonn formhór mhuintir na Céinia ag strachailt le gnáthchúraimí an tsaoil seachas ag cuimhneamh ar ré na Mau Mau. Ba Kikuyu iad beirt agus iad dílis do chuimhne *Mzee* Kenyatta. Dar leo, ba é an treibheachas seachas an náisiúnachas a mhill an tír.

Bhí foireann na bialainne ag breathnú míshuaimhneach. Bhíodar ag cuimhneamh ar dul ag breathnú ar chluiche sacair ar an teilifís satailíte. Mhínigh siad nach raibh an córas ach ag fear amháin, go gcosnaíonn sé cúpla scilling ach gur fiú é.

Bhí an teilifís go hard ar sheilf ar bhinn an tí agus bhí fir an bhaile, dhá scór acu, ina suí ag breathnú go géar air. Ní raibh siad socair ná ciúin ach an oiread agus iad fabhrach do Manchester United, Ronaldo, Rooney agus foireann uilig Sir Alex.

Bhí cumha orm ag fágáil slán ag Charles agus Cathy ag an gcéibh cúpla lá ina dhiaidh sin. Ba dheas iad agus ba chomhluadar breá iad. Bíonn drogall orm ag casadh le daoine agus mé ag taisteal liom féin. Ar bhealach amháin níl tú ag iarraidh a bheith ag brú cairdis, agus ar bhealach eile níl tú ag iarraidh a bheith i do strainséir agus daoine eile cineálta leat. Gheall mé go gcuirfinn pictiúr a thóg mé ar an turas farraige chucu, rud a rinne mé.

Bhí mé ar ais ar mo chuid sean-nósanna: léamh, siúl, codladh agus scríobh. Bhí muintir na háite ag dul i dtaithí orm le neamhaird agus comhrá. Thugadh corrdhuine de mhuintir an bhaile cuireadh dom suí leo ag a ndoras ag deireadh an lae agus mé ar mo bhealach ón trá. Bhí an-chaint faoi Éireannach eile darb ainm an Dochtúir Feighan. Bhí daoine ag rá go raibh mé an-chosúil leis. Chaith an dochtúir na blianta fada ar an oileán agus is cinnte go raibh ardmheas air mar dhuine agus mar dhochtúir. Ní bhaineadh sé pingin de mhuintir na háite. Bhí an oiread sin measa air gur cuireadh é ar an oileán, gar don reilig Moslamach.

Is furasta a fheiceáil cá dtéann blocanna coiréil Manda agus an méid tithe atá á dtógáil i Shela. Le teacht an Bhanphrionsa Caroline as Monaco agus a clann deich mbliana ó shin, tá cáil Shela méadaithe. Thógadar teach mór gar don chladach agus tagann siad go minic ar cuairt. Tá an caisleán a thóg Iodálach gar don chladach faoi bhrú ag creimeadh farraige. Níl mórán trua ag éinne don fhear bocht, mar go mbreathnaíonn an caisleán as áit.

Is dóigh nach mairfidh seansaol Lamu i bhfad eile. Is cinnte go bhfuil tionchar ag an turasóir nó an taistealaí, ar mo nós féin, ar an áit. Cén fáth nach féidir linn blaiseadh de Lamu agus ansin imeacht abhaile? Tá na strainséirí ag ceannacht tithe ar phraghsanna arda agus á n-athchóiriú, Iodálaigh agus Gearmánaigh a bhformhór. Caitheann siad seal ar saoire agus ansin imíonn siad abhaile. Ní féidir milleán a chur ar mhuintir na háite agus iad ag cuimhneamh ar oideachas dá gclann agus iad ag strachailt leis an saol. Ní féidir drochthionchar an rachmais a choinneáil amach ó aon áit. Ghlac Lamu riamh le strainséirí ach nuair a thagaidís fadó d'fhanaidís agus mheascaidís go nádúrtha. Ní féidir Lamu a fhágáil sáinnithe in aois eile ar mhaithe le fámairí. Tuigeann muintir Lamu an teannas sin agus tuigeann siad luach na seod atá acu. Go maire siad.

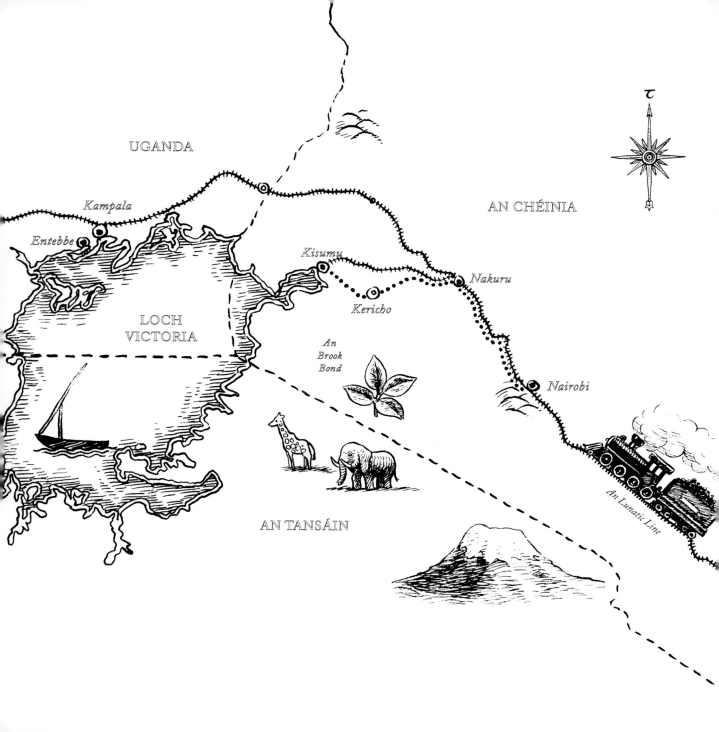

2. Go Kisumu

Ó thaobh an bhóithrín ní cheapfá go raibh mórán ann: garraí le min bhuí ag fás ann, agus bó agus a lao ceangailte gar don teach. Ar scáth na gcrann bhí an tseanbhean agus a hiníon ag glanadh paiste talún le tuilleadh a chur. Gnáthradharc i lár na hAfraice agus chuile shórt faoi bhláth i séasúr na báistí.

Tar éis aistir fhada ón gcósta bhí mé le casadh le mamó Bharack Obama, an chéad fhear den chine gorm a bheadh ina Uachtarán ar Stáit Aontaithe Mheiriceá. Ar an mbus a tháinig mé ó phríomhchathair na Céinia, turas a mhair seacht n-uaire an chloig. Ach b'fhiú é, mar seo cuid den tír nach ndéantar mórán tráchta air mar nach ceantar turasóireachta é agus é chomh fada sin ó Nairobi. Dúradh liom nach féidir brath ar an traein, agus cé go raibh mé imníoch i dtosach liom féin ar an mbus, tugadh an-aire dom, an t-aon *muzungu* (duine geal) ar an mbus. Bhí mé ríméadach freisin mar go mbeadh deis agam casadh le Mama Obama.

Bhí radharc breá le feiceáil ar an mbealach siar: sceacha tae chomh hard le bord ar dhá thaobh an bhóthair agus mná le páistí ag baint na nduilleog agus á gcaitheamh i gciseáin. Anseo is ansiúd bhí seideanna fada, áit a dtriomaítear na duilleoga. Is deacair tae na Céinia a shárú. "Mo ghrá an crann ar fhás tú air," mar a deireadh an seandream ag ól bolgaim. Thaistil an bus trí bhailte Brooke Bond agus Kericho, bailte a bhfuil cáil an tae orthu. Bhí díoltóirí beatha an-ghnóthach ag fuinneoga an bhus ag chuile stop: min bhuí rósta, feoil rósta ar mhaidí beaga, glasraí agus chuile ní eile. D'fhan mé i mo throscadh, cé go raibh goin ocrais orm, gur shroich mé Kisumu ar bhruach an locha.

"*Jambo, jambo, habari?*" a deir Mama Obama le fáilte a chur romham, agus ba ghearr go raibh muid istigh ina teach. Ar nós aon teach eile bhí neart pictiúr ar na ballaí, an chlann agus clann a clainne. Thaispeáin sí pictiúr de Bharack dom agus é ina leaid óg, é ar cuairt ar uaigh a athar i 1982 agus é bliain is fiche d'aois. Cé a cheapfadh gur as an gcúlra seo a fáisceadh fear a bhí anois sa rása le bheith ina cheannasaí ar mhór-chumhacht an domhain.

Sarah an t-ainm baiste atá uirthi ach tugann chuile dhuine Mama Obama uirthi. "Ní hamháin go bhfuil mé bródúil as Barack ach tá mé bródúil as chuile dhuine acu," a deir sí. Shílfeá go raibh tú ag éisteacht le do mhamó féin.

Chuimhnigh mé siar go dtí na seascaidí agus mé i mo leaid óg i Sligeach nuair a thug fear gorm mór le rá cuairt ar an mbaile le sagart éigin a bhí ar na misiúin. Tom Mboya a bhí ar an bhfear gorm. Bhí sé ina aire i rialtas nua na Céinia nuair a tháinig deireadh le ré an choilíneachais. Ag an am sin ní bhíodh mórán den chine gorm le feiceáil in Éirinn, agus, rud nár thuig mé ag an am, ba cheannródaí sa ngluaiseacht ar son an neamhspleáchais a bhí in Mboya. Níos tábhachtaí fós, sa scéal seo, b'as iarthar na Céinia é, gar do mhuintir Obama. Luo iad muintir Obama, ceann de na treibheanna is mó sa tír.

Thuig Mboya gur tríd an oideachas a dhéanfaí dul chun cinn, agus bhronn sé scoláireacht ar Shean-Bharack Obama a thug go Hawaii é le freastal ar an ollscoil. Is iad muintir Kennedy a chuir an clár scoláireachtaí ar bun agus thug leithéidí Harry Belafonte, Sidney Poitier agus daoine nach iad tacaíocht airgid don scéim freisin. Is ar an ollscoil a chas sé le Ann Dunham, mac léinn eile, agus phósadar i mí Feabhra 1961. Rugadh Barack Óg i mí Lúnasa an bhliain dár gcionn.

Tar éis dó céim a bhaint amach i Hawaii, glacadh le Sean-Bharack mar mhac léinn in Ollscoil Harvard, agus is cosúil gur ansin a scar sé óna bhean, agus fuaireadar colscaradh i 1963. D'fhan Barack Óg lena mháthair i Hawaii nó gur phós sí fear darb ainm Lolo Soetoro ón Indinéis, agus is ansin a tógadh é go dtí go raibh sé deich mbliana d'aois, nuair a d'fhill sé ar Hawaii chun fanacht le muintir a mháthar.

Déanann Barack Obama cur síos ar a shaol ina leabhar *Dreams from My Father*. Mar a thuigfeá ón teideal, bhí tionchar mór ag a athair air cé nach bhfaca sé é ach an t-aon uair amháin agus é ina ghasúr óg. Tógadh pictiúr den bheirt nuair a thug a athair cuairt air i Hawaii agus é deich mbliana d'aois, an uair dheireanach a chonaic sé ina bheatha é. Is é an meangadh céanna gáire atá ar an leaid óg agus atá ag an bhfear anois, cé go raibh sé níos raimhre san éadan an t-am sin.

Bhí saol Bharack Óig casta ar chuile bhealach agus d'fhulaing sé ag iarraidh brí agus réasún a bhaint as an gciníochas a bhraith sé agus an oiread athraithe ina shaol, iad ag aistriú ó áit go háit. Tógadh é go liobrálach agus rinne a mháthair agus a mhamó agus a dhaideo i Meiriceá éacht nach raibh sé bunoscionn uilig ag a shaol agus sa gclann mhífheidhmiúil inar tógadh é. Bhí ciníochas na linne sin forleathan agus domhain. Bhí sé in aghaidh an dlí i leath de na stáit ag geal agus gorm pósadh, agus bhí neart cainte ann faoi reabhlóid agus an bealach le cearta an chine ghoirm a bhaint amach. Cé go raibh sé leathgheal agus leathghorm ba é an dath gorm a bhí chun tosaigh.

Choinnigh a mháthair cuimhne a athar beo ach gan aon searbhas. D'insíodh sí scéalta don bhuachaill óg faoina athair, agus is cinnte go raibh cion aici air fós, fiú má phós sí arís. Deireadh sí gur cheart go mbeadh sé bródúil as a athair agus as a chuid féinmhuiníne. "Is ó d'athair a fuair tú do chuid éirime agus do thréithe," a deireadh sí leis.

Ach bhí díomá ar an mbuachaill óg nuair a chas sé lena athair i Hawaii. Deir sé go raibh an íomhá agus na scéalta i bhfad níos fearr ná an teangmháil féin. Bhí teannas ann, agus thuig sé gur strainséir a bhí ann agus é ag cur brú ar a mháthair dul go dtí an Afraic, rud nach ndéanfadh sí. Bhí sí diongbháilte go gcuirfí oideachas den chéad scoth ar a mac i Meiriceá, rud a tharla.

Diaidh ar ndiaidh scaoileadh snaidhm a shinsear agus líon a mháthair na bearnaí. Ach níor chuir sí aon mhilleán ar a athair. D'inis sí dó go raibh a sheanathair (athair Shean-Bharack) glan in aghaidh phósadh na beirte. Scríobh sé ón Afraic ag tabhairt le fios nach raibh sé ag iarraidh go mbeadh fuil a mhuintire truaillithe le fuil mná gile agus go raibh Barack pósta cheana féin le Kezia, bean Luo óna cheantar féin. Agus go raibh ceathrar gasúr acu. Ba phósadh baile a bhí ann agus ní raibh aon teastas pósta ann. Ach ina ainneon sin phós Barack agus Ann beag beann ar bheannacht cheann na clainne. Bhí sé ar intinn acu filleadh nuair a bheadh a chuid staidéir críochnaithe aige ach fuair Sean-Bharack scoláireacht le freastal ar Ollscoil Harvard, agus faoin am sin bhí éirí amach na Mau Mau tosaithe sa gCéinia. Tar éis dóibh scaradh d'imigh an téagar ón ngrá.

D'fhág Sean-Bharack Meiriceá le filleadh abhaile agus fuair sé post le comhlacht ola agus ansin mar eacnamaí sa Roinn Iompair sa gCéinia. D'fhoilsigh sé páipéar dar teideal *Problems facing our Socialism* ag déanamh anailíse ar pholasaithe an rialtais. Bhí sé in aghaidh an "tríú bealach" – an leathbhealach idir an sóisialachas agus eacnamaíocht an mhargaidh. Bhí sé glan in aghaidh Jomo Kenyatta agus Tom Mboya, agus chuir an t-easaontas sin bac ar aon dul chun cinn ina ghairm. D'iompaigh sé ar an ól agus ba ghearr gur chaill sé a phost. Bhásaigh sé i dtimpiste bóthair sa mbliain 1982 agus gan é ach sé bliana is dhá scór. Is ag bun an gharraí atá sé curtha, gar don áit a bhfuil fear céile Sarah, seanathair Bharack Óig, curtha.

Bliain is fiche a bhí Barack Obama nuair a cailleadh a athair. Scríobh sé litir comhbhróin chuig clann a athar san Afraic. Níor mhothaigh sé aon phian, a deir sé, ach bhí an deis caillte aige aithne cheart a chur air. Ach chasadar beirt ar a chéile arís i mbrionglóid. "Barack," a dúirt an t-athair, "bhí mé i gcónaí ag iarraidh a rá leat go raibh grá agam duit." Chaoin Barack nuair a dhúisigh sé. Chuimhnigh sé ar an gcispheil a thug sé dó ar cuairt na blianta fada roimhe sin. Chuimhnigh sé freisin ar an oíche fadó i Hawaii agus iad ag damhsa, a athair ag múineadh steip dó. Thuig sé den chéad uair chomh láidir is a bhí íomhá a athar agus go raibh sé ina bhonncholch aige, cé go raibh sé as láthair, as baile agus i bhfad uaidh. Thuig sé freisin nach bhféadfadh sé a athair a ligean síos.

Sa mbliain 1988 thug Barack Óg cuairt ar an gCéinia. Chas sé lena chuid leasdeartháireacha agus leasdeirfiúracha, Abongo, Auma, Abo agus Bernard, agus le gaolta eile ar thaobh a athar. Thuig sé den chéad uair gur fear gorm a bhí ann seachas leathgheal agus leathghorm. San Afraic chonaic sé gur gnáthrud a bhí ann a bheith gorm agus go raibh an cine geal sa mionlach. D'inis a sheanmháthair dó gurbh é a sheanathair, Onyango, an chéad duine ar an mbaile a chaith bríste seachas craiceann gabhair agus go raibh sé ina ghiolla in arm Shasana. D'ól Barack sláinte a mhuintire agus bhlais sé de lúcháir an chomhluadair. Bhí Barack Obama sa mbaile i measc a mhuintire.

Chaoin sé ag uaigh a athar le brón agus uaigneas. Fuair sé amach gur cailleadh a athair agus a chroí briste le fearg agus amhras, agus é cloíte.

Mhaith sé an scaradh, an frustrachas agus an crá croí dó. Scaoil sé leis an ualach a d'iompair sé le blianta agus mhothaigh sé grá. B'in é an lá a tháinig Barack Obama in inmhe.

Bhí fear amháin ann a sheas le Sean-Bharack Obama nuair a chuir sé in aghaidh pholasaithe eacnamaíocha an rialtais. B'in é Jaramogi Odinga Odinga, Luo eile ón gceantar céanna. I 1947 bhunaigh sé an Luo Thrift and Trading Corporation chun a mhuintir agus a threibh a neartú. Bhí ardmheas air i measc na Luo agus ceapadh é ina *Ker* (ceannaire spioradálta) ar na Luo. Bhí ról lárnach aige i bhfeachtas saoirse na Céinia, agus tar éis dó céim ollscoile a bhaint amach i Uganda, bhunaigh sé féin agus Tom Mboya an Kenya African Union (KANU). Le teacht an neamhspleáchais ceapadh é ina Leas-Uachtarán. Ach bhí greim ag treibh na Kikuyu ar an gcumhacht. Ba iadsan an treibh ba mhó agus choinníodar greim ar an gcumhacht sin. Rinneadh leatrom ar na Luo, a mhair go dtí le gairid. Thit Comhphobal Oirthear na hAfraice as a chéile i 1977, comhphobal a chothaigh trádáil idir an Tansáin, Uganda agus an Chéinia. Ba chóir go mbeadh cúrsaí geilleagair níos fearr agus an áit chomh torthúil agus iad buailte ar Loch Victoria.

Bhí teannas idir Odinga agus Jomo Kenyatta, céad Uachtarán na Céinia. Bhí polasaithe Kenyatta róghar do pholasaithe an tseanréimis; mar sin d'éirigh Odinga as a phost agus bhunaigh sé páirtí nua, an Kenya People's Union. Ghabh na póilíní é i 1969 tar éis achrainn fhuiltigh in Kisumu inar maraíodh aon duine dhéag agus gortaíodh cuid mhaith eile. Chaith Odinga dhá bhliain sa bpríosún de bharr a chuid agóidíochta.

I 1978 bhásaigh Jomo Kenyatta agus tháinig Daniel arap Moi i gcomharbacht air. Scaoileadh saor Odinga. Fuair sé post i gceann de na comhlachtaí stáit ach ní shásódh sé sin é. Bhunaigh sé páirtí nua ach rialaigh an tArd-Aighne go raibh sé in aghaidh an dlí. Stát aonpháirtí a bheadh sa gCéinia feasta.

Tar éis d'oifigigh de chuid an Aer-Fhórsa iarracht a dhéanamh tabhairt faoi *coup d'état* i 1982, cuireadh Odinga faoi choinneáil ina theach cónaithe féin. Ní ghlacfadh rialtas Moi le freasúra de chineál ar bith cé go raibh sé faoi bhrú idirnáisiúnta. Ach sa mbliain 1991 ghéill Moi agus bunaíodh an Forum for the Restoration of Democracy (FORD). Bhásaigh Odinga i 1994 ach bheadh tamall eile ann sula dtiocfadh aon athrú ar pholaitíocht na Céinia.

Is é éadan a mhic, Raila Odinga, a bhí ar bheagnach chuile phóstaer agus é ag seasamh don Orange Democratic Movement (ODM) in aghaidh an Uachtaráin Mwai Kibaki i dtoghchán na bliana 2007. Tá polaitíocht Raila an-ghar do pholaitíocht a athar. D'fhreastail sé ar ollscoil i Magdeburg sa nGearmáin Thoir, agus i 1970 bhain sé amach céim san innealtóireacht mheicniúil. Ba ghearr go raibh sé féin i ngleic leis an rialtas agus chaith sé treimhsí faoi choinneáil agus tréas curtha ina leith. Scaoileadh amach é agus gabhadh arís é, agus sa mbliain 1991 d'fhág sé an Chéinia agus chaith sé seal san Iorua. Mhaígh sé go raibh comhcheilg ann len é a mharú.

Ar theacht an daonlathais ilpháirtí sheas sé don pharlaimint. Toghadh é agus ceapadh é ina Aire Fuinnimh. Bhí chuile dhuine ag ceapadh gurb é a bheadh ina Uachtarán tar éis Moi ach, le scoilteanna agus cleasanna, piocadh mac le Jomo Kenyatta le seasamh. Sa deireadh bhí an bua ag Mwai Kibaki, atá fós ina Uachtarán ar an gCéinia agus an cuntas seo á scríobh.

Bunaíodh coiste le bunreacht na tíre a leasú. Sa mbunreacht nua a bhí molta ag an rialtas, bheadh níos mó cumhachta ag an rialtas lárnach agus níos lú cumhachta ag na réigiúin. Ar ndóigh bhí Raila ina aghaidh seo. Dar leis, bhí dóthain leatroim á dhéanamh ar iarthar na tíre, agus ní bheadh aon seans ag na Luo i roinnt na cumhachta faoin mbunreacht nua.

Bhí dhá shiombail ar pháipéir bhallóide an reifrinn: banana (ar son na moltaí) agus oráiste (ina n-aghaidh). Is as siombail an oráiste a tháinig an Orange Democratic Movement agus Raila Odinga mar cheann air. Bhí an bua ag an ODM, 58% ina aghaidh agus 42% ar a shon. Bhí ré nua ar na bacáin. Sheasfadh Raila Odinga in aghaidh Kibaki i dtoghchán 2007. Glacadh leis go mbeadh an-seans aige.

I bhfad ón gCéinia bhí fear eile de bhunadh na Luo ag seasamh i dtoghchán. Bhí Barack Obama sa tóir ar ainmniúchán an Pháirtí Dhaonlathaigh i Meiriceá.

Sheas muid ag an uaigh agus d'iarr Mama orm paidir a rá ar son na marbh: athair Bharack Óig agus a sheanathair. Chuimhnigh mé ar na línte a scríobh Barack Obama ina leabhar: "A Dheaide, a chaoin mé. Ní náire ar bith do mhearbhall ná mearbhall d'athar romhat. Ní náire ar bith a bheith scanraithe ná d'athair romhat a bheith scanraithe. Ní raibh náire i dtada ach sa bhfaitíos a d'fhás as an gciúnas."

"Meas tú an dtoghfar é?" a d'iarr Mama. Bhí a fhios aici go raibh mé i mbaol cuma cén freagra a thabharfainn. "Más é toil Dé é," a d'fhreagair sí, ag teacht romham sa gcaint.

Mhínigh Richard, mo threoraí, dom go mbíonn faitíos orthu roimh dhaoine ó Mheiriceá a bhíonn ag cur ceisteanna, ar fhaitíos gur le

*Ag seoladh
abhaile,
Lamu.*

Dabhaí Móra, Lamu.

Ag deisiú, Lamu.

Shela, Lamu.

Éisc faoin ngrian, Lamu.

Margadh, Lamu.

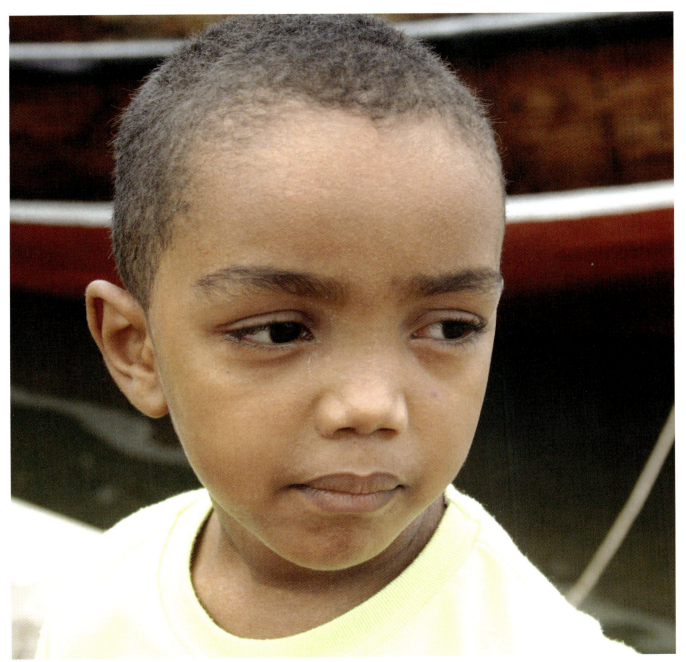

Gasúr, Lamu.

Le luí gréine.

Asal ar an mbiachlár, Lamu.

Teicneolaíocht, Lamu.

Faoi ualach trom.

Mama Obama.

Mama Obama agus an t–údar.

Lasairéin Loch Nakuru.

JASRAJ BODIES TEL 551990

MAKE PLANS BY SEEKING
ADVICE: IF YOU WAGE WAR
OBTAIN GUIDANCE

100%
PURE PAIN
ILE CHAFU

Bus sa gCéinia.

Deoch maidne.

Leon airdeallach.

Deoch sa gcampa.

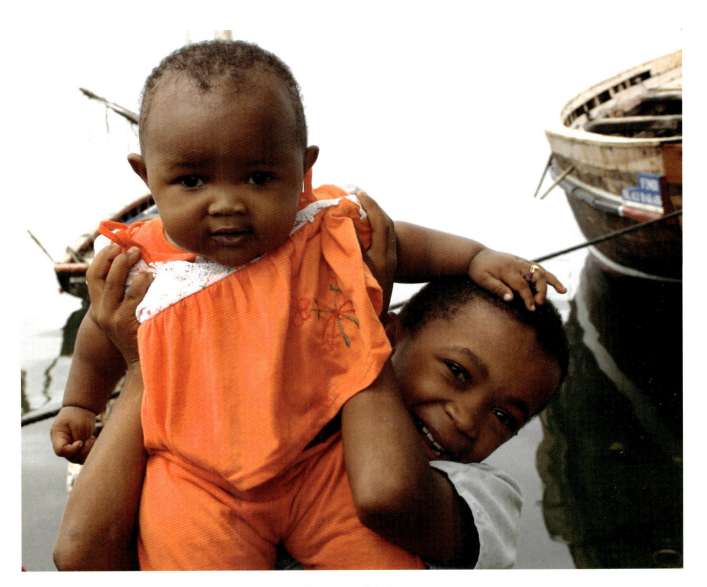

Páistí sa gCéinia.

Seramon.

haimhleas polaitiúil a bhaint astu é agus cáil an tSeanadóra (mar a bhí nuair a thug mé cuairt ar Mama Obama) a scrios agus é i mbun stocaireachta thall i Meiriceá. Cé gur mhínigh Richard di nach raibh mé sa tóir ar aon scéal mailíseach, thuigfinn go gcaithfeadh sí bheith cúramach agus go dtógfadh sé tamall sula mbeadh muinín aici as aon strainséir.

D'iarr mé cead uirthi a pictiúr a thógáil. "Fan go réiteoidh mé mé féin," a d'fhreagair sí. Ní raibh aon drogall uirthi os comhair an cheamara agus í foighneach liom. Thóg muid pictiúir sa teach agus ag an uaigh. Is cinnte gur thaitin an aird léi.

Bhí an oiread ceisteanna le cur agam ach bhí a fhios agam go raibh mé i gcomhluadar mná a bhí lách, cneasta, tuisceanach agus spóirtiúil. Bhí a fhios agam freisin go raibh ceangal eadrainn, ceangal pearsanta le cuimhne ar chuairt Tom Mboya ar Shligeach agus ceangal na staire ó ré eile.

Maidir le Mboya? Maraíodh é agus chuile dhuine cinnte go mbeadh sé ina Uachtarán ar an gCéinia lá éigin. Tá sé ráite gur mar gheall go raibh sé ina bhall den treibh mhícheart a maraíodh é – cuid eile d'oidhreacht an stáit nuabhunaithe.

Bhí neart pictiúr ar na ballaí de Bharack Óg agus an chuairt a thug sé ar an gCéinia agus baile a mhuintire i 2006. B'in é a chéad turas ó toghadh é ina sheanadóir. Is cinnte go raibh sé bródúil as a oidhreacht agus go raibh muintir na háite agus a ghaolta an-tógtha leis. Thug sé leis na bronntanais thraidisiúnta: salann, siúcra, arán, tae, brioscaí. Shiúil sé ón mbóthar le Mama. D'itheadar feoil rósta, maistreadh min bhuí, sicín agus gabáiste. Thug sé cuairt ar mheánscoil an bhaile agus chan na scoláirí amhráin mholta dó. Anois tá leacht ina onóir crochta ann. Chaith sé seal freisin ar camchuairt san Afraic.

"Tá obair le déanamh agamsa sa ngarraí, tar arís. *Safari njema, karibu tena.*" Turas slán agus fáilte ar ais. D'fhág mé slán ag Mama Obama agus cinnte go bhfanfadh sí liom i mo chuimhne ar feadh i bhfad.

Bhí Richard an-eolach ar chultúr agus stair na Luo, a threibh féin. Is treibh iad atá iontach láidir, gar dá chéile le mórtas cine agus féinmhuinín. Ar nós na Maasai a tháinig ó cheantar na Súdáine, bhí an-tóir acu ar bheithígh. Ag deireadh an 15ú haois ní raibh an oiread sin daoine ag cur fúthu ar bhruach Loch Victoria. Bhí na Luo sách láidir le seilbh a ghlacadh ar thailte an locha. Chuireadar an ruaig ar dhaoine nár ghlac leo, phósadar agus is ar bhruach an locha a lonnaíodar.

Bhí ceannas na Luo bunaithe ar an *Ruoth*, rí na treibhe, an seanchóras a thugadar leo ó cheantar na Níle. Ba dheachtóir é agus bhí sé uaillmhianach, santach, agus le himeaglú choinnigh sé smacht ar a mhuintir. Faoi scáth Impireacht na Breataine rinne sé a shaibhreas, agus ba le faitíos in áit measa a choinnigh sé smacht.

Sa mbliain 1915 chuir rialtas coilíneach na Breataine an *Ruoth* Odera Akang'o go Kampala i Uganda. Bhí sé i gceist acu go bhfeicfeadh sé an bealach ceart lena ríocht a rialú agus go mblaisfeadh sé de dhea-nósanna agus dea-iompar an chine ghil agus seoiníní an chine ghoirm a ghlac leo. Tháinig sé abhaile agus ardmheas aige ar chaighdeán an oideachais agus an córas sláinte a bhí acu i Uganda. Le díograis thosaigh sé ar fheachtas oideachais agus sláinte. Bheadh léinte glana ar na gasúir ag dul ar scoil. Chuirfí córas sláinteachais i bhfeidhm. Chaithfeadh *privy* a bheith gar don teach agus lámha a bheith nite. Níor ghlac sé le haon agóid ná argóint agus thacaigh an rialtas leis. D'éirigh chomh maith sin leis gur chuir an rialtas é chomh fada le Teso i Uganda lena gcuid polasaithe a leathnú. Theip air in Teso agus cuireadh caimiléireacht ina leith. Tá sé ráite gur cailleadh é ar deoraíocht agus a chroí briste.

Tá oidhreacht an *Routh* Odera fós i dtailte na Luo le hardmheas i gcónaí ar oideachas agus léann, buaic a chuid polasaithe, ar ndóigh. Níor ghlac na Luo aon pháirt in éirí amach na Mau Mau sna caogaidí mar nár ghlac na Briotanaigh seilbh ar thailte na Luo mar a rinneadar sna críocha arda, áit a raibh na Kikuyu. Bhain na Luo leas as a gcuid léinn le neamhspleáchas a bhaint amach mar intleachtóirí an fheachtais.

D'inis Richard dom go raibh dhá ainm ag chuile dhuine, ainm áitiúil agus ainm baiste (ainm Críostaí mar atá againn féin). Tugann an t-ainm Luo le fios cén uair a rugadh an páiste. Thug sé samplaí dom: is ionann Atiena agus cailín a rugadh san oíche, Adongo agus cailín a rugadh ar maidin, agus Achien'g agus cailín a rugadh san ardtráthnóna. Tugtar Akeyo ar chailín a rugadh sa bhfómhar. Is cúpla iad Apiyo agus Adongo. Is é Apiyo an duine is sine. Tosaíonn ainmneacha na gcailíní le "A" agus ainmneacha na mbuachaillí le "O". Os comhair strainséirí úsáideann siad an t-ainm baiste nó Críostaí ach is é an t-ainm áitiúil is ansa leo.

Tá siad an-tógtha le *kuon*, cineál maistridh de mhin bhuí agus plúr. Itear é le glasraí nó feoil nó iasc. Itear rís freisin. Tar éis lá oibre sna garranta is maith leo *nyoyo*, meascán de mhin bhuí bruite agus pónairí. Itear *nyoyo* le glasraí nó le tae.

Mar a thuigfeá tá an-mheas acu ar iasc agus an ceantar sin buailte ar Loch Victoria, an dara loch fíoruisce is mó ar domhan. Sheas muid ar bhruach Loch Victoria, nó Nam Lolwe mar a thugtar go háitiúil air. Chonaic muid uainn na báid aon seoil, é crochta ar chrann i lár an bháid. Is iad an phéirse agus an *tilapia* na héisc is fairsinge. Ach tá fadhbanna timpeallachta ag baint leis an loch – loch a bhfuil na milliúin ag brath air. Níl péirse na Níle dúchasach do Loch Victoria agus scriosadh na héisc bheaga a raibh muintir na háite ag brath orthu. D'iompaigh polasaithe lucht an rachmais an nádúr bunoscionn ar mhaithe le brabach. Déantar an phéirse á easpórtáil ach tá sé ródhaor ag muintir na háite le ceannacht.

Ach is é an planda hiasainte a rinne an slad is mó ar an loch. Is planda é nach bhfuil dúchasach sa gceantar ach an oiread. Chun gairdíní a mhaisiú a tugadh chun na tíre i dtosach é. Ach scaip sé agus tá bruach an locha plúchta leis anois. Tá an diabhal de phlanda le feiceáil chuile áit agus ní bhíonn na báid in ann teacht i dtír in áiteanna a fheileann do na hiascairí. Agus tá blas aisteach ón uisce mar gheall air. Baineann siad é agus dónn siad é le ceimicí ach ní dhéantar aon mhaith. I lár na 1990idí bhí 90% de bhruach an locha ar thaobh Uganda clúdaithe aige. Bhí an chosúlacht ar an scéal go raibh an bás i ndán don loch. Ach tar éis chuile chineál seifte a thriail, rinneadh scrúdú ar nádúr an phlanda agus tugadh isteach ciaróg ón Astráil a itheann an hiasaint. Tá an chiaróg áirithe seo amplach agus tá ag éirí leis, diaidh ar ndiaidh, deireadh a chuir leis an bplanda millteach. Ní fios fós cén tionchar a bheas ag an gciaróg ar dhúlra nó timpeallacht an locha.

Rud eile atá neamhghnách faoin loch ná ainm an locha. Bhaist John Hanning Speke an loch in onóir na Banríona Victoria in 1858 agus é ag cuartú bhuntobar na Níle. Bhí a gcuid ainmneacha féin ag muintir na háite ar an loch, ainmneacha a fheileann don áit. Is féidir iad a aistriú: "an loch fairsing síoraí blasta" is brí le Nam Lolwe, agus in áiteanna eile tugtar Nyanza Ukerewe nó Nalubaale air.

Céad bliain ó shin bhí ainmneacha chlann Victoria agus clann a clainne fairsing san Afraic ón gcósta thoir siar. Bhí Edward, Rudolf agus Albert ann mar aon leo siúd "a tháinig ar" lár na hAfraice i dtús an chéid. Bhí na cathracha agus na bailte baiste acu freisin: Stanley, Leopold, Astrida agus a leithéid. Sa lá atá inniu ann, de réir a chéile, tá logainmneacha na hImpireachta á n-athrú, ag filleadh ar na seanainmneacha atá lomlán le brí, réasún agus seanchas. Tuigtear anois níos mó ná riamh an tábhacht a bhaineann le logainmneacha, ní hamháin san Afraic ach san India, áit ar athraíodh Bombay go Mumbai. Le filleadh ar na sean-logainmneacha táthar ag athshealbhú rud luachmhar a tógadh uathu. Ach choinníodar ainm Victoria mar go raibh an loch buailte ar thrí thír éagsúla agus seanainmneacha difriúla ag chaon cheann acu.

Is Críostaithe iad formhór na Luo. Ghlac cuid acu leis an gcreideamh Moslamach mar a rinne muintir Obama agus ba nós dóibh pósadh faoi dhó nó faoi thrí, mar a rinne athair Bharack Obama. Chuireadh an fear cleamhnais an bheirt in aithne dá chéile agus bhíodh spré bó agus searmanas pósta ann. Tá cleachtas an chleamhnais as faisean anois ach tá an spré ann i gcónaí.

Is ceoltóirí agus fonnadóirí iontach iad na Luo. Tá an sean-nós atá acu bunaithe ar amhráin oibre – ag baint, ag déanamh maistreadh – agus rincí báistí. Bíonn siad ag gabháil fhoinn le tionlacan uirlisí mar an *nyatti* (lir ocht sreang), an fhidil, an fhliúit agus trumpa déanta as adharc. Baineann siad leas as drumaí móra agus beaga agus fáinní miotail le héagsúlacht torainn ó na cnaguirlisí. Sa lá atá inniu ann tá ceangal an-mhór ag na Luo le ceol *benga*, a d'eascair as an sean-nós. In áit an *nyatti* seinntear an giotár doird agus castar uirlisí na linne seo acu freisin. Tá cosúlachtaí ag *benga* le *jazz*, agus is iad an Kapere Jazz Band an grúpa is cáiliúla sa gCéinia – cloistear iad ar chuile stáisiún raidió. Is é *benga* popcheol na tíre uilig anois agus é le cloisteáil sna pubanna agus na hóstáin.

Is í Kisumu an tríú cathair is mó sa gCéinia. Tá trí go leith milliún duine ina gcónaí inti. Port Florence a bhí ar an áit fadó, in onóir bhean chéile Ronald O. Preston, príomhshaoiste an bhóthair iarainn. Ba í Florence a d'orlaigh an spíce deiridh ar bhruach an locha ar an 19 Nollaig 1901. Tá sé ráite gur tugadh an onóir di mar gur fhan sí i gcuideachta a fir chéile ar feadh cúig bliana na tógála, an bealach uilig ón gcósta. Bhí chuile dhuine dóchasach go dtiocfadh borradh faoin gceantar, ach níor tháinig an tuar faoin tairngreacht. Le gairid theip ar thionscal an bhiatais siúcra de bharr dumpáil siúcra ón Aontas Eorpach, agus dúnadh na monarchana scagtha.

Cathair bhreá í le chuile chineál siopa, oifigí, bancanna agus óstáin. Ón bhfocal Luo *sumo* (margaí babhtála) an t-ainm Kisumu agus tá go leor margaí ann, ag díol éadaí, bróg agus chuile chineál beatha.

Bhí an-chraic agam leis an mbearbóir. "Níor ghearr mé gruaig *muzungu* cheana," a dúirt sé. "Cén chaoi ar chaill tú do chuid gruaige? Tá tú beagnach maol." Bhí chuile dhuine sa siopa ag breathnú orm mar de ghnáth bearrtar an fear geal in áit níos ardnósaí. Bhí mise breá sásta, bhí chuile shórt breá glan agus molta ag Richard. Mheabhraigh sé dom na seansiopaí a bhíodh níos fairsinge sa mbaile, le comhrá agus malairt tuairimí. Ní raibh aon chaint ar a dhonacht is a bhí Sligo Rovers le linn m'óige sa mbaile. Bhí suim ag an mbearbóir i m'áit dúchais, cá raibh mé ag fanacht agus cultúr na hÉireann. Tá suim faoi leith acu i sacar Shasana, idir Bheckham agus gach peileadóir den chine gorm de bhunadh na hAfraice atá ag imirt sa bpríomhshraith. Nach mar a chéile muid uilig, an comhrá céanna. D'fhéadfainn a bheith ag caint le Liam Kelly dhá scór bliain ó shin sa mbaile agus gan é pioc níos daoire.

Labhair muid freisin faoin toghchán sa mbaile agus i gcéin. Bhí sé dóchasach go mbeadh an bua ag Raila Odinga agus an ODM. Mhothaigh mé freisin an teannas agus an baol a bhí ann go ndéanfadh Kibaki chuile iarracht greim daingean a choinneáil ar an gcumhacht. Bhí an bearbóir dóchasach freisin go mbeadh an bua ag an Luo eile – Barack Obama.

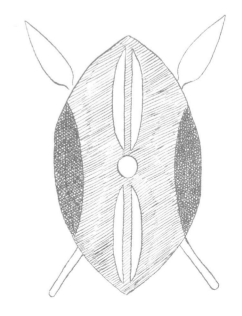

"Bní feirm agam san Afraic ag bun Chnoic Ngong."

3. Nairobi

"Bhí feirm agam san Afraic ag bun Chnoic Ngong." Sin í an chéad abairt sa leabhar *Out of Africa* leis an mBanbharún Isak Dinesen (a scríobh faoin ainm cleite Karen Von Blixen-Finecke). Ní hiontas gur phioc sí an spota breá sin. Fadó, faoin tuath a bhí a teach ach tá sé anois ar bhruach chathair Nairobi, i mbruachbhaile Karen (ainmnithe ina diaidhsean). Bhronn rialtas na Danmhairge an teach ar mhuintir na Céinia in ómós do *uhuru* (saoirse na tíre).

Rinneadh scannán den leabhar sa mbliain 1985; thóg Meryl Streep páirt Dinesen, agus thóg Robert Redford páirt an tsealgaire Denys Finch Hatton, a leannán. Tugann an scannán agus an leabhar léargas dúinn ar shaol an chine ghil sa gCéinia idir an Chéad agus an Dara Cogadh Domhanda. Ach is fearr i bhfad atmaisféar na linne sin a bhlaiseadh le cuairt a thabhairt ar an teach agus na garranta gar do Chnoic Ngong.

Tá droch-cháil ar chathair Nairobi na laethanta seo. *Nairobbery* a thugtar gc minic air toisc an méid ionsaithe agus robála a dhéantar ar thurasóirí   Sciobtar málaí agus seoda, go mórmhór ó mhná i lár na cathrach, agus cé go bhfuil cúrsaí slándála feabhsaithe, tá an baol ann i gcónaí.

Shílfeá go bhfuil lár na cathrach lán le bobairí, cladhairí agus cleasaithe muiníne. "Cén chaoi a bhfuil tú? Ní fhaca mé le fada thú." An chéad rud eile bhí muid ag caint agus ba ghearr go bhfuair sé amach gurb as Éirinn mé. Tráthúil go leor bhí scéal tubaisteach le n-aithris aige. Bhí airgead cruinnithe le chéile aige le freastal ar an ollscoil i mBaile Átha Cliath, goideadh na táillí agus anois bhí sé i gcruachás. An bhféadfainn cúpla dollar a spáráil? Bíonn sé éasca déileáil lena leithéid má bhíonn tú gealgháireach leo ach gan do lámh a chuir i do phóca ná i do mhála. Chuile lá i Nairobi castar ort iad, ach thar aon ní eile ná breathnaigh idir an dá shúil orthu, mar tá siad in ann tú a chur faoi dhraíocht le plámás.

Ó am go ham casfar "teifeach ón tSúdáin" ort. Bíonn sé ar an ngannchuid. B'fhéidir go dtugann tú cúpla dollar don duine bocht agus b'fhéidir nach dtugann, is cuma. Ar ball tagann beirt "phóilíní" chugat. Tá cártaí aitheantais acu – bréagach, ar ndóigh. Deir siad go bhfaca siad thú ag caint leis an teifeach. Thógadar an teifeach agus bhí airgead bréige aige – a thug tusa dó. Tá tú i dtrioblóid agus caithfidh tú dul leo chuig stáisiún na bpóilíní, a deir siad. Buíochas le Dia ní tharlaíonn sé seo ach sna cúlsráideanna agus sna caochbhealaí. Sin a deirtear liom.

Tá sé deacair Nairobi a sheachaint mar is í an chathair túsphointe an safari, agus is ann freisin is féidir éadaí agus trealamh a réiteach don turas. Go bunúsach ciallaíonn an focal Swahili *safari* turas ó áit amháin go háit eile. Fadó bhí an safari níos gaire do tháin ná do thuras le hainmhithe a fheiceáil (nó a mharú lá den tsaol). Sa gcathair atá na comhlachtaí móra safari, agus is iomaí rud atá le feiceáil ann.

Cloisfidh tú ceol ó na *matatu*, mionbhusanna iompair na cathrach, i bhfad uait. Cé go moltar gan iad a thógáil, bhraith mé go gcaithfinn iad a thriail, mar gur ceann d'íomhánna móra na cathrach iad. Is ionann *matatu* agus píosa trí scilleacha sa seanairgead, an táille a d'íocadh na paisinéirí fadó. Anois tá siad éirithe níos daoire: suas le caoga scilling (caoga cent) ar thuras go dtí na bruachbhailte. Comhlachtaí príobháideacha a chuireann na seirbhísí ar fáil agus bíonn géarchoimhlint eatarthu. Is iad na *touts* a stiúireann na paisinéirí ar bord ag na stáideanna. Ar ndóigh, tá teorainneacha leagtha síos ag na húdaráis ar an méid daoine is féidir a iompar ach is beag aird a thugtar orthu. Go sábhála Mac Dé mé! An rac-cheol ón *ghettoblaster* agus geáitsíocht na *touts*, ag crochadh amach ón doras agus é ag tornáil chugam sa trácht le luas lasrach. Bhí muid ar nós sairdíní sa gcanna stáin agus boladh ann a leagfadh amach duine. Ba ghearr gur cuireadh an "t-aerchóiriú" ag obair agus chuile fhuinneog agus an doras oscailte agus muid ar ár mbealach siar go Karen. Bhí mé mar ábhar cainte, cinnte. "*Where you from?*" a d'iarr an fear is gaire dom. D'fhreagair mé é. Chroith sé a chloigeann. "*I never heard of it*," a dúirt sé.

Is fiú go mór cuairt a thabhairt ar theach Karen Blixen. Tá an teach féin, teach aon stór cloiche, suite siar ón mbóthar le crainnte ar dhá thaobh an lána. Sna garranta os comhair an tí tá seantarracóir agus fearas meirgeach feirme. Shílfeá go raibh an Banbharún agus Denys díreach tar éis an teach a fhágáil ar cuairt chuig an gcathair. Tá an seanghramafón RCA Victor ann réidh le coinséartó le Mozart a chasadh mar a dhéanaidís tráthnóna sa teach nó ar safari. Shuídís ar an vearanda le solas ón laindéar agus an giolla Somáileach Farah ag freastal orthu, *gin* London agus Schweppes Tonic. Ní bhíodh Denys dílis do Karen i gcónaí agus chrochadh sí laindéar ag an doras len é a sheoladh abhaile.

Thugtaí an *great white hunter* ar Denys agus chuireadh sé safari ar fáil dóibh siúd a bhí saibhir agus díomhaoin. Bhí trealamh agus fearas den chéad scoth aige: pubaill fhairsinge ocht dtroithe ar airde, miasa canbháis i gcomhair níocháin, agus éadach glan chuile lá; agus, ar ndóigh, chaití a bheith feistithe i gceart, i gculaith safari, agus buataisí leathair. I bhfad roimh theacht an Idirlín ba nós stuif nach mbeadh le fáil go háitiúil a cheannacht ó chatalóg agus chuirfí na hearraí chugat sa bpost. Is ó chatalóg an Army and Navy Stores, Sráid Victoria i Londain, a cheannaidís na clogaid *pith*, raidhfilí Holland & Holland agus scoth na sóláistí, idir bhia agus deoch. D'óltaí seaimpéin ar maidin leis an gcarball a ghlanadh. Tar éis lá fada ag fiach ar an eachréidh bhíodh *sundowners* ag lucht na seilge sula mblaisfidís den fhéasta bréa agus neart fíona ón bhFrainc. Agus ba bhreá leo ciseáin bhia a fháil ó Fortnum & Mason i Londain.

Ní spórt amháin a bhí i gceist. Thugadh an safari deis dóibh súil a choinneáil ar a gcuid tailte agus aon aighneas talún a réiteach. Cé go raibh na Maasai agus na Kikuyu ag cur fúthu ar na tailte céanna leis na cianta, de réir dlí ba shuiteoirí iad. Deireadh na coilínigh nach raibh coincheap úinéireacht na talún ag an gcine gorm agus nach raibh an cine gorm ag baint aon leas as an talamh fhairsing, na cnoic agus na gleannta.

Ba é an Muthaiga Club i Nairobi croílár a saoil shóisialta. Tráthnóna Dé Sathairn thagaidís ina gcuid Buicks agus Dodges, i ngúnaí fada agus carbhait dhubha. Bhí scéalta le roinnt agus praghas an chaife agus barraí eile le meas acu. D'ólaidís go maidin agus cá bhfios cé leis nó cé léi a chaithfidís seal?

Bhí Bror, fear céile an Bhanbharúin, an-tuisceanach, agus bhí sé mór le Denys. Ní raibh sa bpósadh ach cleamhnas gan ghrá agus ghlacadar triúr leis, an fhad is nach raibh an caidreamh sóisialta agus collaí rópho iblí. Deir an Banbharún go raibh an caidreamh idir Denys agus í féin ag leibhéal faoi leith agus iad ag fiach: bhíodar níos gaire dá chéile tar éis leon a mharú ná ag aon am eile. Ní raibh aon ghá le comhrá, a deir sí. B'ionann fiach agus meabhlú, dar léi. Mharaigh siad an t-uafás leon.

Tá sé ráite go raibh saol uaigneach ag cuid mhaith de na coilínigh agus iad ina gcónaí i bhfad ó chéile, ach ní raibh aon cheist ann go mbeadh aon chaidreamh sóisialta acu leis an gcine gorm. Bhí sé ceart go leor obair a bhaint astu agus a bheith faoi dhraíocht na hAfraice nó a bheith tógtha le sean-nósanna na Maasai, ach caidreamh taobh amuigh de sin? Bheadh sé sin as bealach uilig.

I leabharlann an tí tá seilfeanna ó urlár go síleáil agus ar chuid de dhromanna na leabhar tá "DFH" fós orthu: túslitreacha Denys. I gcúinne an tseomra chodlata tá líon muiscítí os cionn na leapan. Tá na buataisí leathair a chaith Meryl Streep sa scannán, agus bloc adhmaid sáite síos iontu lena gcruth a choinneáil, le taobh na leapan. Bogann na cuirtíní lása i bhfionnuaire an tráthnóna, agus lastar an lampa.

Ar chúl an tí tá an fearas uilig a bhain le triomú agus róstadh na bpónairí caife. Is cosúil go raibh an Banbharún ceanndána. Níor ghlac sí leis nach raibh an talamh feiliúnach don chaife agus go raibh Nairobi rófhuar agus an talamh ró-ard os cionn leibhéal na farraige. Le croí briste agus pocaí folmha d'fhág sí slán ag an gCéinia. Ach d'fhág sí sárléargas dúinne ar shaol na n-eachtrannach ann.

Ba de thimpiste a tháinig ann do bhaile Nairobi ar chor ar bith. Sula dtáinig an cine geal is beag bailte a bhí sa tír. Ewaso Nyirobi a thugadh na Maasai ar an áit. Is ann a bhí foinse fíoruisce: abhainn an Nairobi. Thug cuid eile acu Nakusontelon air: tús na háilleachta. Nuair a bhí an líne traenach ó Mombasa á tógáil tugadh *Mile 327* air. Is ann a bhí campa ag na hIndiaigh a bhí ag obair ar an líne agus is ann a bhí iostas stórála. Chuir siad fúthu ann, agus ó 1899 i leith mhéadaigh an chathair, agus tá gar do thrí mhilliún duine ann anois.

Ba le comhlacht príobháideach, an Imperial British East Africa Company (IBEAC), Uganda agus cuid den Chéinia ó roinneadh an Afraic ar mhórchumhachtaí na hEorpa ag cruinniú i mBerlin sa mbliain 1886. Leagadh síos na teorainneacha (atá fós ann) beag beann ar mhuintir na háite, a dtreibheanna agus a gcultúr. Nuair a theip ar an IBEAC, ghlac rialtas an Breataine seilbh ar an gCéinia agus ar Uganda. Tugadh *protectorate* air ach níor tugadh aon chosaint do na Maasai, na Kalenjin ná do na Kikuyu, a bhí ag cur fúthu ann.

Faoin réimeas nua bheadh deis ag uaisle a bhí ar an ngannchuid, ag an meánaicme agus ag iarshaighdiúirí talamh a fháil ar léas. Rinneadh socrú de chineál le taoisigh na háite agus cheapadar taoisigh dá gcuid féin le cáin bothán a ghearradh ar mhuintir na háite. Tar éis an Chéad Chogadh Domhanda bhí an deis ag tuilleadh iarshaighdiúirí ón mBreatain lonnú ann. Thugadar beithígh leo agus chuireadar caife, tae agus siseal. Níorbh fhada go raibh seilbh glactha acu ar an talamh is fearr sna hardchríocha Bhí neart oibrithe de bhunadh na háite ann le bheith ag obair ar na feirmeacha.

Ba é an Tiarna Delamere ceannaire an chine ghil agus bhí 200,000 acra talún aige. Dúirt sé: "*I am going to prove to you all that this is a white man's country.*" Tá a shliocht fós ann.

Le linn sheachtain na rásaí ar ráschúrsa Ngong bhíodh spraoi agus spórt ag an "Happy Valley Set", mar a tugadh orthu. Tharraing siad droch-cháil orthu féin de bharr gnéis, óil agus ragairne. "An bhfuil tú pósta nó i do chónaí sa gCéinia?" a deirtí. Tarraingíodh aird an domhain ar an Happy Valley Set sa mbliain 1941 nuair a maraíodh Josslyn Hay, an 22ú Iarla Errol agus Ard-Chonstábla Oidhreachtúil na hAlban, in Ngong, gar do theach Blixen. Lámhacadh go moch ar maidin é tar éis oíche a chaitheamh sa Muthaige Club. Bhí droch-cháil ar Hay mar fhear nach raibh in ann coinneáil siar ó mhná pósta agus ba chearrbhach gan srian é. Bhí an dearg-ghráin air agus ní raibh bean óg ar bith slán sábháilte ina chomhluadar. Ach mar sin féin, choinnigh a stádas mar rúnaí cúnta míleata sábháilte é.

Leag sé súil ar Diana, bean an Tiarna Jock Delves Broughton. Bhí Jock sé bliana le cois an leathchéid agus bhí Diana sé bliana is fiche. Cheap chuile dhuine gur ghlac Jock leis mar fhíbíneacht agus mar ghnáthchuid de shaol an Happy Valley Set. Bhí Jock bacach tar éis taom croí agus bhí cáil ar dhathúlacht Diana. Cé a thógfadh uirthi dul le Josslyn agus gan eisean ach dhá scór bliain d'aois?

Chaith Diana agus Josslyn cuid den oíche le chéile ag damhsa sa gclub le cead Jock. Scar an grúpa ag a trí a chlog agus d'fhág Josslyn an club ina charr. Tháinig fear an bhainne ar a chorp sa gcarr agus é caite sa gcloigeann le piléar amháin. Bhí amhras faoi Jock ón tús agus cuireadh an dúnmharú ina leith. Tharraing an cás aird mheáin Shasana. Tugadh léargas ar an saol sa gCéinia, idir ól, dhrugaí, ragairne agus chaidreamh fánach collaí. I Londain bhí ionsaithe aeir na nGearmánach agus ciondáil i bhfeidhm, ach sa Happy Valley ní raibh aon chosúlacht ar ghanntanas ná crá croí an chogaidh.

Bhí an fhianaise in aghaidh Jock lag agus fuair an giúire neamhchiontach é. Bhí amhras ann i gcónaí agus níor ghlac seit an ghleanna leis tar éis bhreith na cúirte. Chuaigh sé ar ais go Sasana, agus taobh istigh de dhá mhí chuir sé lámh ina bhás féin. Tarraingíodh tuilleadh airde ar an gCéinia. Ídíodh go leor dúigh faoin dúnmharú agus rinneadh scannán, *White Mischief*, faoi i 1987 inar thóg Greta Scacchi páirt Diana. Sa mbliain 2007 tháinig clár fáisnéise leis an aisteoir agus an scríbhneoir Julian Fellowes amach, *A Most Mysterious Murder*, le heolas nua a "chiontaigh" Jock. Dar leis an gclár, bhí Jock i bhfolach sa gcarr nuair a d'fhág Josslyn an club agus phioc dochtúir suas é nuair a bhí an fheall déanta. Tá neart teoiricí comhcheilge ann i gcónaí.

D'fhan Diana sa gCéinia agus ba ghearr go raibh páirtí nua aici agus ba ghearr freisin gur phós sí den cheathrú uair, duine de shliocht Delamere an uair seo. Cailleadh Lady Delamere, mar a bhí uirthi tar éis a pósta, sa mbliain 1987 agus tá sí curtha gar do Loch Naivasha in aice le beirt a phós sí. "*Surrounded by all that I love*" atá scríofa ar a leacht. Táthar ann a deir go bhfuil fírinne an scéil faoin gcré léi.

Tá rásaí Ngong i bhfad níos ciúine anois ach tá canúint na seanaicme le sonrú i gcónaí cé go bhfuil neart de mhuintir na háite in "áit na gcúig déag" agus sconsa idir an seastán daor agus an ceann saor. Is Áisigh iad na geallghlacadóirí, nó is féidir geall a chur ar do rogha capall ar an *tote* freisin. Cloisfidh tú canúint na hÉireann ann freisin, sagairt nó bráithre, nó oibrithe fóirithinte ar sos óna gcuid cúraimí. Ach tá stíl an tseandreama imithe in éag. Ina n-áit tá na Kenya Cowboys, an dream óg atá ag brath ar thurasóirí agus feirmeoireacht bhláthanna agus a chloíonn fós le ciníochas a sinsear. Seo iad an aicme a fuair a gcuid scolaíocht "phoiblí" i Sasana. Tá cuid acu teann, aineolach agus santach. Níl ach 30,000 díobh ann anois ach is le dhá chlann déag an chuid is fearr den talamh sna tailte arda. Sin leath an líon a bhí ann sna seascaidí.

Sa mbliain 2006 baineadh geit as an gcine geal nuair a cuireadh i leith Tom Cholmondeley gur mharaigh sé maor géime gorm ar a thalamh. Mhaigh Cholmondeley go raibh an fear gorm ag póitseáil ar a fheirm. Is cosúil nach mbeadh an oiread sin cainte faoin gcás ach gurb é Cholmondeley mac an cuigiú Iarla Delamere (agus tá feirm 100,000 acra aige sa Scoiltghleann), agus go ndearna sé rud den chineál céanna i 2005 nuair a chaith sé fear eile a bhí ag póitseáil, mar a dúirt sé. Níor leanadh leis an gcás sin ach leanadh leis an gcás is deireanaí.

Deirtear gur tharraing na daoine anáil le hiontas sa gcúirt nuair a thug an breitheamh a bhreithiúnas. Fríothadh ciontach Cholmondeley i ndúnorgain Robert Njoya agus gearradh ocht mí príosúin air. Dúirt an breitheamh gur chuir sé san áireamh na trí bliana a bhí caite aige faoi choinneáil agus sé go raibh Cholmondeley "umhlaithe" ag an bpróiseas.

Tá go leor den chine gorm ag rá anois nach bhfuil sé ceart ná cóir go mbeadh an oiread sin talún ag clann amháin. Ach tar éis ar tharla sa tSiombáib, nuair a réitigh Robert Mugabe ceist na talún ar a bhealach féin, tuigtear nach aon réiteach a leithéid de shocrú.

I bhfoisceacht cúpla míle de rachmas iarthar chathair Nairobi tá sluma Kibera. Faigheann tú an boladh bréan ag teacht gar don áit, boladh séarachais, gualaigh agus feoil á róstadh – boladh an bhochtanais.

Mealladh na mílte ó iarthar na tíre go Nairobi agus gan tada acu. Shíleadar go mbeadh obair acu agus eacnamaíocht na tíre faoi bhláth le teacht na saoirse. Lonnaigh siad i seanchampa sealadach a bhí ag Núibigh ó na King's African Rifles, gar don líne traenach. Thógadar botháin as fuílleach adhmaid, cairtchlár agus corr-leathán galbhánach. Scaoiltear séarachas beo le fána agus níl uisce reatha ag mórán. Níl cearta ná léas ná teideal acu mar go bhfuil an áit uilig in aghaidh an dlí, agus ní chuireann an stát aon seirbhisí ar fáil don 500,000 nó níos mó duine atá ina gcónaí ann. Ach aisteach go leor, ní áit dhuairc í. Nuair a chuimhníonn tú go bhfuil chuile chineál galair agus coiriúlachta coitianta ann, is iontach go deo go bhfuil muintir Kibera in ann a bheith chomh spleodrach agus chomh dearfach i bpuiteach na dramhaíola is atá siad.

Shiúil mé na sráideanna le Victor agus gasúir dár leanacht. Tá Victor ag obair d'eagraíocht neamhrialtais atá ag iarraidh saol na cosmhuintire a fheabhsú, ach is ag snámh in aghaidh easa atá siad. Ní chuireann an rialtas aon suim iontu. Is Luo iad agus tá siad i gceantar Kikuyu, treibh na cumhachta. Má chuirtear aon phingin ar fáil, sciobtar í le caimiléireacht agus le cur amú. Ach bhí Victor cinnte go raibh ré nua le teacht. Bhí sé ag tacú le Raila Odinga agus an ODM.

Sínte amach romhainn bhí an Scoiltghleann. Bhí muid ar an mbóthar ó thuaidh den chathair ag dul i dtreo Loch Naivasha. Sheas muid ag breathnú ar cheann d'iontais gheolaíochta na cruinne: scoilt sa domhan ón Muir Mharbh ó thuaidh go Mósaimbíc ó dheas, 6,000 ciliméadar ar fhad agus céad ciliméadar leathan in áiteanna. Sa gcuid sin den ghleann, sa gCéinia agus sa Tansáin, tá na páirceanna is deise ainmhithe agus nádúir. Is ann freisin atá tuairim is céad bolcán, idir bheo agus mharbh. Sínte fúthu tá na milliúin acra gan fál gan sconsa le lochanna sóide agus fíoruisce. Faoin talamh tá na bolcáin ag neartú na lochanna le carbónáit sóidiam agus éin á mbeathú féin ar an alga. Ón scairp tá an radharc dochreidte, agus ó mhoch maidne bíonn feithiclí ag stopadh le blaiseadh den iontas seo.

Sa ngleann seo a thosaigh an seandálaí Richard Leakey ag tochailt. Tháinig sé ar iarsmaí iontaiseacha agus leag sé amach ord éabhlóide an chine dhaonna ón moncaí mór go *homo erectus*, an duine a sheas suas díreach den chéad uair. Ag breathnú uaim mhothaigh mé cumhacht, áilleacht agus simplíocht an dúlra as ar fáisceadh muid. Ní bhíonn aon fhonn cainte ort ag breathnú ar a leithéid.

Ba é Loch Naivasha críochfort na n-eitleán uisce ó 1937 go 1950. Thagadh na heitleáin ó Durban san Afraic Theas agus ó Southampton, turas a mhaireadh ceithre lá. Ón am sin chuir go leor Eorpach fúthu ar bhruach an locha fhíoruisce. Ach tá cuid mhaith de snas na laethanta sin i mbaol anois.

Tá an ceantar milte ag tolláin phlaisteacha na mbláthanna atá le feiceáil ar bhruach an locha. Is as Naivasha a thagann formhór rósanna Lá 'le Vailintín agus is fiú $360 milliún an tionscal. Bíonn an rós a phioctar ar maidin san Afraic le fáil tráthnóna san Eoraip. Ach tá an tionscal ag scriosadh éiceachóras agus dúlra an locha agus ag cur an tionscail uilig i mbaol. Táthar ag tarraingt an t-uafás uisce as an loch agus sileann an leasú isteach sa loch. Ag tús an chéid seo atá díreach caite, chuimsigh an loch míle ciliméadar cearnach, ach anois níl fanta ach 170 ciliméadar cearnach.

Cuireadh an t-éiceachóras i dtuilleadh baoil nuair a cuireadh síol éisc eachtraigh sa loch ar mhaithe le hiascach spóirt agus feirmeoireacht éisc. Rinne an gliomach fionnuisce léirscrios. Ansin d'éalaigh an *coypu*, ainmhí ar nós na mince, as feirm fionnaidh. Tá mianach francach uisce san *coypu* agus ba ghearr go raibh siad ag déanamh slad ar éisc an locha. Ar ndóigh, rinne an hiasaint tuilleadh damáiste don timpeallacht a bhí lag cheana féin. Leagadh crainnte acaicia agus glanadh sceacha as an áit ar mhaithe leis na tolláin.

Mheall tionscal na mbláthanna na mílte de chosmhuintir na tíre chuig Naivasha agus tá an áit gar do bheith ina Kibera, sluma le botháin. Ó mhoch maidne bíonn na mílte fear agus ban cromtha ag piocadh agus ag glanadh sna garranta agus i dteas millteanach na dtollán. Is ionann é agus an íomhá a bheadh againn de phlandálacha dheisceart Mheiriceá i ré na sclábhaíochta.

Iar-Uachtarán ar na Stáit Aontaithe, Theodore Roosevelt, a tharraing aird Mheiriceá ar oirthear na hAfraice agus ar an safari den chéad uair. Ní sheasfadh sé don uachtarántacht den tríú huair, mar ba cheadmhach dó ag an am, cé go raibh an-chion ag daoine air. Tar éis insealbhú William Taft mar an 27ú Uachtarán sa mbliain 1909, tháinig Roosevelt agus a mhac Kermit i dtír ag Mombasa. Rinne an tionsclaí agus an milliúnaí Andrew Carnegie urraíocht ar an safari, a chosnódh milliún dollar in airgead an lae inniu.

Gheall Roosevelt nach mbeadh sé ag "búistéireacht" agus gur ar mhaithe le cúrsaí eolaíochta a thug sé faoin turas agus go mbronnfadh sé craicne agus samplaí ar Mhúsaem Stair Dhúlra Mheiriceá. Chuir cine geal na Céinia an-fháilte roimhe. Dúirt an páipéar áitiúil go raibh súile an domhain ar an gcine geal agus go raibh dea-iompar riachtanach. Thuigeadar freisin go meallfaí tuilleadh cuairteoirí tar éis na dea-phoiblíochta.

Bhí na sluaite ag fanacht nuair a thuirling sé den traein, idir ghrúmaeirí, lucht iompair gunnaí, fhir ardaithe puball, ghardaí slándála agus 265 iompróir, feistithe i mbrístí gearra caicí, geansaithe gorma agus *puttees* orthu. "*Jambo, bwana King, ya Amerik,*" a screadadar le fáilte a chuir roimh "rí" Mheiriceá.

Chuadar chomh fada le Congó na Beilge san iarthar agus chomh fada le Khartoum na Súdáine ó thuaidh, ag marú agus ag cruinniú samplaí. Bhí an mheitheal iompair míle ar fhad agus iad ag iompar ualach mór, seasca punt meáchain an duine. I measc an stuif a d'iompair siad bhí seasca bairille salainn leis na craicne a choinneáil, agus leabharlann réitithe go spesialta don turas ina raibh na céadta leabhar le craiceann muice mar chlúdach orthu. Chun tosaigh bhí fear le brat na Stát Aontaithe, drumadóirí agus fear ag casadh trumpa déanta as adharc antalóip. Bhí na meáin ag leanacht an safari agus léigh na milliúin faoin scéal, gan mórán cáinte ar an slad. Is cosúil go raibh fear an Associated Press fabhrach dóibh.

Ar a theacht abhaile do Roosevelt i 1910 rinneadh cáineadh ar an méid ainmhithe a maraíodh. Cruinníodh 11,398 sampla, idir fheithidí, ainmhithe móra agus beaga, agus éin. Chrochadar abhaile eilifint, dobhareacha a mharaigh sé ar Loch Naivasha, sioráf agus sé cinn de shrónbheannaigh bhána, ainmhí a bhí gann fiú an t-am sin. "Má chuirtear an milleán ormsa, is féidir an milleán a chuir ar na músaeim agus ar na hinstitiúidí a thóg samplaí uaim," a dúirt an t-iar-Uachtarán.

Tá na hainmhithe agus na pictiúir ón safari sin fós ar taispeáint i Meiriceá. Tá cuid díobh fós i mboscaí, deirtear, bhí an oiread sin acu ann. Scríobh Roosevelt an leabhar *African Game Trails* ag cur síos ar a thréimhse san Afraic. As an bpoiblíocht sin uilig d'fhás tionscal an safari. Thógfadh sé cúpla glúin eile go dtí go dtuigfí nárbh fhéidir leanacht leis an marú agus ainmhithe áirithe ag éirí gann.

Tar éis an Chéad Chogadh Domhanda ba é cuairt Edward, Prionsa na Breataine Bige, a tharraing aird ar an gCéinia. Chas sé le Bror Blixen, Denys Finch Hatton agus an Banbharún. Chuadar ag fiach le chéile agus mharaigh an Prionsa leon. Bhí air teacht abhaile luath mar go raibh a athair, an Rí Seoirse V, tinn. Gheall sé go dtiocfadh sé ar ais, rud a rinne sé go minic go dtí gur éirigh sé as mar Rí le grá do Wallis Simpson. Lean an ceangal idir an chlann ríoga agus oirthear na hAfraice, áfach. In óstán Treetops i sléibhte Aberdares a bhí an Banphrionsa Elizabeth nuair a fuair sí an scéal go raibh a hathair, an Rí Seoirse VI, básaithe. Tháinig sí go dtí an Afraic agus í ina Banphrionsa agus d'fhág sí ina Banríon.

Sna meáin agus sa litríocht léiríodh an Afraic mar mhór-roinn dhubh dhorcha, mhistéireach. Áit chorraitheach, dhainséarach í le spiorad na dtreibheanna sa bhfiántas álainn. Bhí an eachréidh oscailte fairsing, gan bac ná srian. Le cois tine chnámh san oíche d'fhéadfaí seal a chaitheamh ag breathnú ar an spéir, an ghealach agus na réaltaí le cuimhne cine. Ba é úrscéal gearr Joseph Conrad *Heart of Darkness* (1902) a leag síos bonnchloch na híomhá seo den Afraic, é bunaithe ar scéal Mr Kurtz, an trádálaí ag taisteal sa gCongó ag tús an chéid. Cinnte tá ciníochas ann, agus, dar leis, b'ionann an dúlra agus meon an chine ghoirm: iad gan réasún, barbartha agus dothuigthe.

Tháinig Ernest Hemingway ina dhiaidh sin agus rinneadh scannán de *The Snows of Kilimanjaro* le Gregory Peck, Susan Hayward agus Ava Gardner sa mbliain 1952. An bhliain dár gcionn tháinig Clark Gable chun na hAfraice chun an scannán *Mogambo* a dhéanamh, le Ava Gardner arís. Agus ar ndóigh sheol Humphrey Bogart agus Katherine Hepburn san *African Queen* ar an gCongó i 1951.

Ach thar aon leabhar eile ba é *Tarzan of the Apes* le Edgar Rice Burroughs, a foilsíodh i 1914, a scap íomhá na hAfraice ar fud an domhain. Thóg na moncaithe móra Tarzan, an gasúr fiáin, agus tháinig sé slán as an bhforaois. Ba dhuine den ardaicme é a fágadh san Afraic de thimpiste. Spreag an chéad scéal neart leabhar eile agus ochtó scannán agus clár teilifíse. Níl an chuid is mó acu thar mholadh beirte agus cuireann an buanchruthú atá iontu de charachtar an chine ghoirm as do dhaoine anois. San íomhá chruthaithe tá an duine gorm gan oideachas, saonta agus glic ag an am céanna. Chuireadh sé i gcuimhne duit íomhá na nGael san irisleabhar *Punch* fadó.

Ar bhruach bhaile Naivasha tá cros ar thaobh an bhóthair in ónóir an Athar John Kaiser a maraíodh ag an spota sin. Ba Mheiriceánach é a chaith na blianta fada ag obair ar son chosmhuintir na Céinia. Ba shagart de chuid Ord Mill Hill i Sasana é agus sheas sé go tréan in aghaidh na caimiléireachta. Thug sé fianaise, nár thaithin leis an rialtas, do choimisiún sa mbliain 1998 a bhí ag fiosrú foréigin idir threibheanna. Cháin Daniel arap Moi, Uachtarán na tíre ag an am, é. Thacaigh airí na tíre leis an gcáineadh sin. Rinneadh iarracht é a dhíbirt as an tír ach sheas Ambasadóir Stát Aontaithe Mheiriceá leis agus d'fhan sé.

Lámhacadh é i gcúl a chinn. Rinne lucht rialtais chuile iarracht a cháil a scrios, ag rá gur chuir sé lámh ina bhás féin. Níor éirigh leo ach níor cúisíodh éinne, áfach, as é a mharú. Is laoch é i measc Chaitlicigh na Céinia agus mairtíreach i súile na hEaglaise. Mar thoradh ar bhrú idirnáisiúnta rialaigh coiste nua cróinéara gur dúnmharú a bhí ann.

Sheas muid ag an spota uaigneach agus chuir muid paidir lena anam. Chruthaigh an tAthair Kaiser gur féidir seasamh in aghaidh breabaireachta, camiléireachta agus bréag. D'íoc sé go daor as agus thógfadh sé tamall eile, ba léir, sula mbeadh daoine eile sásta seasamh in aghaidh an tseanréimis.

Bogann an lasairéan, an *flamingo,* go grástúil ó chois go cois. Ag eitilit athraíonn dath na spéire ó ghorm go bándearg fiúise, radharc eisceachtúil. Gar do bhruach an locha cromann siad ag beathú. Tá boladh uibheacha lofa ó loch sóide Nakuru: idir alga agus chac éin. Tá an radharc níos fearr fós agus an boladh maolaithe ó chnocán na *hyrax* agus an loch cúpla céad méadar uait. Tar éis sodair ghairid ardaíonn siad arís. Casann na lasairéin agus athraíonn dath na spéire. Cheapfá go raibh siad faoi ordú, sa gcaoi a gcasann siad le chéile. Bheadh sé go hálainn le tionlacan ceoil.

Ar an gcnocán tá na *hyrax* ag baint suilt as teas na gcloch agus aird na dturasóirí. Tá siad chomh beag le coinín, cloigeann beag bídeach orthu agus fionnadh ar a gcolainn. Croitheann siad an stumpa beag d'eireaball atá acu agus coimeádann siad súil ghéar ar dhaoine. Ag an spota céanna tá laghairteanna gorma agus iad ag slogadh feithidí lena dteanga fhada. Níl aon dochar iontu ach mheabhróidís ré na ndineasár do dhuine. Ní maith le daoine iad, faitíos cine is dócha.

Sa gcuid eile den pháirc náisiúnta tá neart ainmhithe eile, an srónbheannach dubh ina measc. Is iontach go deo an t-ainmhí é, idir mhéid, adharca agus nósanna. Chuir an treoraí fainic orainn: cé go bhfuil a inchinn an-bheag, tá boladh agus éisteacht iontach aige. Cé nach bhfuil radharc na súl go maith aige tá sé in ann sodar go tapaidh. Bheadh sé ar a chumas *jeep* a chaitheamh san aer gan aon stró. Maireann an srónbheannach suas le trí scór bliain ar fhéar agus coirt crainnte. Fararor tá siad i mbaol agus tá tóir ar na hadharca ceiritin (an stuif céanna le gruaig) mar threisiú gnéis. Le meas, choinnigh muid i bhfad siar uathu.

Chaith muid an tráthnóna ar Loch Baringo, loch fíorusice ar nós Naivasha ach glan agus ag cur thar maoil le chuile chineál éan agus ainmhí. Ar ár mbealach síos chuig an gcéibh chonaic muid crogall mór agus é bolg le gréin ar an mbruach. Choinnigh muid i bhfad siar uaidh; is cuma cé chomh cróga is atá tú bheadh faitíos ort nuair a osclaíonn sé a dhrad le hosna a ligean.

Cheannaigh muid iasc le caitheamh san aer go bhfeicfeadh muid an t-iolar éisc. Tá nead acu ar oileán Ol Kokwe. Tosaíonn giolla na mbád ag feadaíl, ag aithris ar ghlaoch an iolair. Cloiseann an t-iolar an fheadaíl agus faigheann sé an boladh. Le scuabadh gaoithe déanann sé ar an mbád, sciatháin caite siar, le luas lasrach. Ag an nóiméad deireanach caitheann an giolla an t-iasc san aer. Casann an t-iolar, a ghob ar oscailt agus beireann sé ar an iasc ag ardú chun spéire arís.

Siar uainn chonaic muid tréad dobhareach, capall na habhann nó an *hippo*. San uisce níl le feiceáil ach a gcloigeann – deich gcinn acu a bhí ann, idir bhaineann agus óg. Is iondúil go bhfanann an dobhareach ina aonar, cé is moite de shéasúr na cúplála. Anois is arís osclaíonn siad a mbéal lena ndrad a thaispeáint don saol. Tá súile, cluasa agus polláirí na ndobhareach ar bharr a gcloiginn ionas gur féidir leo anáil a tharraingt agus iad beagnach go hiomlán faoi uisce. Tomann siad ó am go chéile agus nuair a thagann siad aníos arís ligeann siad osna agus sraoth le teann áthais. Ligeann siad béic, breathnaíonn siad thart agus tomann siad arís. Tá gaol acu le míol mór na farraige agus beirtear an dobhareach óg san uisce tar éis ocht mí iompair. Fanann na "mná" agus na "gasúir" le chéile agus bíonn an tarbh leis féin ag faire go géar orthu. Aisteach go leor, níl snámh ag an gceann fireann. Tar éis dó tomadh brúnn sé é féin ar aghaidh ag siúl ar ghrinneall an locha. Tá taithí acu ar na báid ach míníodh dúinn gurb é an dobhareach an t-ainmhí is contúirtí dá bhfuil san Afraic.

Tagann siad amach as an uisce san oíche, ar féarach, agus itheann siad suas le trí scór cileagram chuile oíche, agus go bhfóire Dia ar dhuine ar bith a chuireann isteach orthu. Tá siad in ann rith chomh mear le duine thar achar céad méadar agus dhéanfaidís puiteach díot faoina gcosa. Ní hin le rá go bhfuil siad in aghaidh an duine ach bheidís gan trócaire dá gceapfaidís go raibh tú ag teacht idir iad féin agus na cinn óga. Ach mar sin féin, is mór an spórt iad. Taispeántar iad sna cartúin agus dath bándearg orthu. Nuair a thagann siad amach as an uisce bíonn dath dearg orthu. Is sú cosaint gréine atá sa "smideadh" a thagann as a bpóireanna. Ach is ag snámh agus ag spraoi san uisce is ansa leo.

D'fhan muid an oíche i lóiste ar bhruach Loch Naivasha. Is féidir an turas a dhéanamh in aon lá amháin ó Nairobi ach is fearr fanacht i gceann de na lóistí. D'ól muid *sundowners* ar scáth na gréine taobh amuigh den phuball, ag breathnú siar ar an ngrian ag dul faoi agus an spéir lasta le dath dearg órga. Bhí an laindéar crochta agus shuigh muid ag éisteacht le ceol an dúlra, míolta féir agus géanna Éigipteacha, i bhfad ó bhaile.

Bíonn na lóistí ag déanamh aithrise ar ré *Out of Africa* ó thaobh stíle agus leagan amach de, ach le compoird uile an lae inniu. Bíonn na pubaill bréa ard le hurlár coincréite clúdaithe le brait urláir ildaite ón India. Ar an leaba ard bíonn braillíní línéadaigh den chéad scoth agus líon muiscítí go talamh. Ar throscán mahagaine agus rósadhmaid bíonn lampaí práise agus leabhair ar sheilfeanna. Gan amhras bíonn neart uisce te sa "seomra" folctha atá ar chúl an phuaill. Bíonn gnáthleithreas ann freisin. Crochta ar ráille bíonn tuáillí de chadás na hÉigipte. Tá an t-atmaisféar rómánsúil athchruthaithe go hiontach acu agus aird tugtha ar na sonraí is fánaí.

Shiúil muid an céad slat chomh fada leis an seomra bia le solas ó na laindéir a bhí crochta ar dhá thaobh an chosáin. Bhí goimh tráthnóna ann agus shuigh muid gar don tine ag éisteacht le Seapánaigh agus Meiricéanaigh ag déanamh iontais den rud uilig agus muide ag ligint orainn féin go raibh neart taithí againne ar an nós maireachtála seo. Mar a thuigfeá, bhí na boird leagtha amach le scoth an sceanra, gloiní agus éadach boird. Ní raibh cailleadh ar bith ar an mbeatha, neart le n-ithe agus le n-ól. Tá an-tóir acu ar *nyama choma*, feoil rósta ar nós bairbiciú. Más duine thú a itheann glasraí amháin, déanfar socrú duit ach ní thuigeann siad an nós sin.

Thionlaic an *askari*, garda na hoíche, ar ais chuig ár bpuball muid. Mheabhraigh sé dúinn go dtagann na dobhareacha amach san oíche agus gan an puball a fhágáil go maidin. Bhí cuilt na leapan casta síos agus an líon muiscítí réitithe. Scanraigh mé nuair a mhothaigh mo chosa an crúsca uisce te. Sea, ceann de na sean-*jar*anna a bhíodh againn fadó, sular tháinig an phluid leictreach.

Dhúisigh mé go tobann agus an leaba ag croitheadh i lár na hoíche. Chuala mé ainmhithe ag tarraingt anála agus ag coigilt na círe. Meas tú an iad na dobhareacha a bhí ar féarach? Ní raibh mé le bogadh as an bpuball agus chuir mé mo chloigeann faoin bpluid. Níor chorraigh mé go maidin.

Cúig mhórainmhí na hAfraice

NA PÁIRCEANNA NÁISIÚNTA

An Leon

An Srónbheannach

An Eilifint

An Liopard

Marsabit

Samburu

Sliabh Chéinia

⊙ Nairobi

Maasai Mara

Serengeti

Tsavo

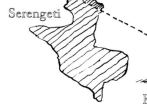

Kilimanjaro

4. Safari ar an Maasai Mara

Chonaic muid uainn iad, an dusta ag éirí agus iad beag bídeach. Nuair a bhreathnaigh muid orthu arís tar éis achair ghairid bhí siad beagnach buailte orainn. Measaim nach bhfuil aon radharc ar domhan chomh haoibhinn le trúpa eilifintí ar mhachaire na hAfraice. Go moch an mhaidin sin bhíodar ag déanamh ar pholl uisce le go mbeadh spraoi acu, agus ar ndóigh iad féin a chlúdach le puiteach agus braon a ól.

Tar éis turais fhada ar na bóithre is measa sa gCéinia bhí muid gar do bhaile Naruk ar imeall Pháirc Náisiúnta an Maasai Mara. Bhí bóthar maith ann fadó le clúdach tarra ach le himeacht aimsire méadaíodh ar na poill agus is beag áit nach raibh muid ag casadh isteach is amach leis na cinn is measa a sheachaint. Tar éis tamaill thosaigh an nádúr ag glaoch le brú ar mo dhuáin. Ba chuma cén sort radhairc a bhí romham ach sos a thógáil ar bhruach an bhaile. Ní hiontas go dtéann cuid mhaith eitleán ó Nairobi chuig an bPáirc Náisiúnta ach i *jeep* a thaistil muide, siar ó dheas tríd an Scoiltghleann.

Is é Narok an baile is gaire don Maasai Mara agus is ann a chaithfidh tú stuif don safari a cheannacht, idir uisce i mbuidéil agus bhreosla don *jeep*. Tá neart seoda cuimhneacháin le ceannacht sna siopaí ar dhá thaobh an bhóthair. D'inis Fred, ár dtreoraí agus ár dtiománaí, dúinn nach rachadh aon phingin a chaithfí anseo chuig na Maasai agus choinnigh muid orainn mar go gcaithfidh tú a bheith sa bPáirc roimh a seacht tráthnóna, tráth a ndúntar na geataí.

Tá cáil dhomhanda ar an Maasai Mara agus an chuid sin den Serengeti atá sa Tansáin. Idir an dá áit, atá buailte ar a chéile, tá 25,000 ciliméadar cearnach de thalamh chaomhnaithe, é chomh mór le cúige Mumhan. Ba é seo talamh na Maasai agus abhainn an Mara a ritheann tríd an áit. Is ann a thagadh an cine geal ag fiach agus ag spraoi, agus faoin am a cuireadh deireadh leis an bhfiach, ní raibh ach naoi gcinn de leoin fágtha beo ann. Sa mbliain 1961 cuireadh an áit uilig faoi chúram Chomhairle Chontae Narok, agus cuireadh deireadh leis an slad. Fanann na Maasai sa gceantar caomhnaithe taobh amuigh den Pháirc Náisiúnta. Bhí na heilifintí á marú go dtí lár na nóchaidí ar mhaithe le heabhar ach cuireadh deireadh leis agus tá trádáil eabhair in aghaidh an dlí anois.

Is beag cuimhneamh a bhí againn an mhaidin bhreá sin ar aon ní den tsórt sin agus Fred ag cur síos dúinn ar nósanna na n-eilifintí. Bhí a fhios aige go maith go mbeadh an trúpa ag díriú ar an bpoll céanna sin. Bhí thart ar scór acu ann: eilifintí baineanna fásta, deirfiúracha, mamó, aintíní agus na cinn óga – na gaolta uilig. Ní bhíonn na heilifintí fireanna fásta leo in aon chor, iad ina n-aonar go dtí go dtagann séasúr na cúplála. Fanann an trúpa céanna le chéile ag taisteal ó áit go háit le greim a ithe nó seal a chaitheamh ag poll uisce. Is mór an spórt iad agus is beag aird a thugann siad ar na fámairí. Thuig Fred go rímhaith an spota is sábháilte leis an *jeep* a pháirceáil. Cé go mbreathnaíonn siad socair, is mór an chontúirt iad, go mórmhór dá gceapfaidís go raibh siad féin nó na cinn óga i mbaol.

Bhí cuid acu an-óg nó nuabheirthe, iad chomh hard le bord agus drogall orthu dul isteach san uisce. Thuig na máithreacha go rímhaith iad agus ní raibh aon dul as acu: maith nó olc leo chaithfidís dul isteach san uisce. Da mbeadh brú ag teastáil bheadh sé le fáil ó thrunc máthar nó aintín. Cheana féin bhí na déagóirí ag pleidhcíocht san uisce agus na seanfhondúirí ag coinneáil súile orthu. Idir bhrú agus mhealladh ba ghearr go raibh na gasúir uilig san uisce agus ba ghearr freisin go raibh sé de mhisneach acu snámh faoin uisce. Lean na heilifintí fásta isteach iad agus mura raibh spraoi acu níor lá go maidin é. Bhí na máithreacha ag múineadh dóibh an chaoi ab fhearr le puiteach a chaitheamh orthu féin lena dtrunc nó iad féin a chaitheamh isteach sa bpuiteach ar bhruach an phoill. Lig siad corrbhúir astu le teann áthais.

Tar éis leathuaire san uisce bhí sé in am bogadh agus anois bhí drogall orthu an poll a fhágáil. Ar nós buíon saighdiúirí ar ordú, luíodar isteach agus dath liath an phuitigh ag triomú orthu. Rinneadar ar choill agus ba ghearr go raibh dusta ag éirí arís.

Tuigtear go leor faoin eilifint agus an matrarc – an eilifint bhaineann is sinsearaí sa trúpa. Is í a threoraíonn chun uisce iad agus bíonn a fhios aici cá bhfuil an áit is fearr i gcomhair féaraigh. Bíonn siad iontach lách le chéile agus nuair a bheirtear ceann óg, tar éis fiche mí ag iompar, leagann na cinn eile trunc uirthi le meas, onóir agus grá. Caitheann an mháthair cúig bliana ag tál; agus faoin am a bhfuil an eilifint óg sé mhí (agus rómhór le siúl isteach faoina mháthair), tosaíonn sé ag ithe féir. Nuair a chailltear eilifint caitheann siad seal ag faire.

Bhí sioc fós ar an talamh go moch an mhaidin dár gcionn. Dhúisigh Fred muid agus shín muigín tae agus briosca chugainn. Cé gur gheall sé lá iontach dúinn, bhí muid ar nós na n-eilifintí óga ag dul isteach san uisce, drogall orainn éirí ó leaba bhreá theolaí.

Fanann an ceo ar an talamh go n-ardaíonn an teas ar eachréidh na hAfraice. Bíonn a fhios ag an leon é sin freisin agus í ag fágáil a pluaise. Pháirceáil Fred an *jeep* ar ardán gar d'imeall na coille. Bhí muid ag faire ar shéabra baineann a d'fhág a clann le breith. Bíonn na céadta acu le chéile agus iad i gcónaí ar an airdeall.

Bhí an séabra i gcontúirt agus í ag iarraidh suaimhnis tar éis achair fhada ag iompar. Ach bhí an leon ag cuimhneamh ar a clann féin, agus, dar léi, bheadh séabra nuabheirthe go breá blasta agus é á roinnt ar a clann féin.

Scar an séabra a cosa deiridh, agus idir bhrú agus ghrágáíl, thit an séabra óg aisti de plimp. Ba ghearr go raibh sí á ghlanadh lena teanga fhada. Shílfeá go raibh sí ag gríosú an tséabra nuabheirthe go gcaithfeadh sé seasamh as a stuaim féin.

Bhí an leon ag coinneáil súile ar an dráma seo, í sa bhféar fada, gan taise gan trua. Sheas sí aniar aduaidh ón séabra agus an créatúr nuabheirthe. B'fhéidir nár chuimhnigh an séabra ar an gcontúirt agus í faoi dhraíocht, sin nó spíonta.

Bhog an leon ina dtreo go ciúin, coisméigeanna beaga gan gleo. D'ardaigh an séabra a cloigeann agus thosaigh sí ag casadh a dhá cluais ar nós *radar*. Choinnigh sí uirthi ag gríosadh an tséabra óig. Ba ghearr go raibh sé ina sheasamh ach ní raibh sé in ann siúl baileach fós. Bhí an leon réidh le preabadh. An mbeadh sí sásta leis an séabra óg nó an dtógfadh sí an séabra fásta a bhí lag freisin? Thosaigh sí ag rith i dtreo na beirte. Sheas an séabra fásta an fód ar feadh soicind nuair a d'airigh sí an leon ag rith ina dtreo.

Bhí an leon santach. D'éirigh sí de léim ón talamh gur rug sí ar mhuineál an tséabra fhásta. Ní raibh an séabra le géilleadh gan troid agus chroith sí í féin ag iarraidh an leon a chiceáil. Bhí an séabra óg ina staic fós, scanraithe. Ba chosúil go raibh an séabra ag fáil an ceann is fearr ar an leon agus í ag iarraidh í féin agus a séabra óg a shábháil.

Ach ní mar sin a tharla. Bhí an leon í féin ag éirí tuirseach den mhéiseáil agus den chiceáil ón séabra. Chas sí ar an séabra nuabheirthe. Rug sí i ngreim muiníl air gan stró ar bith. Bhí sé ag scairdeadh fola, agus thug an mháthair do na boinn é.

Níl idir bás agus beatha ach tráithnín. Níorbh fhéidir linne ár ladar a chur sa nádúr, fiú dá mbeadh muid in ann. Shábháil an séabra fásta í féin. B'fhéidir go mbeadh tuilleadh clainne aici. Bhí an leon gan trócaire, mar ba dhual di. Bí cinnte go raibh leoin óga aici féin le tógáil agus d'fhéadfaí an séabra óg a roinnt eatarthu agus iad a choinneáil ag imeacht píosa eile.

Bhíodar ag fanacht linn, cúigear nó seisear acu ar bhruach an bhaile agus iad in aon líne amháin, *morani* nó laochra na Maasai. Thosaigh na fir óga ag gabháil fhoinn agus ag léim ón talamh díreach suas san aer. Bhí siad feistithe in éadach dearg, braillín cadáis, agus iad ag iompar sleá. Sheas duine amháin acu amach ón gcuid eile agus léim sé níos airde ná an chuid eile agus iad á ghríosú leis an bhfonn.

Léim sé níos airde fós agus é faoi dhraíocht le teann nirt agus beochta. Leanadar orthu ina nduine agus ina nduine go dtí gur sheas *moran* amháin amach le fáilte a chur romhainn i mBéarla agus i Maa, a theanga dhúchais. Ar a chloigeann bhí píosa de mhoing leoin. Bhain sé

de an craiceann. "Cuir ort é," a dúirt sé. Ansin shín sé an maide troda a
bhí aige chugam. "Is laoch thú anois," a dúirt sé. Thosaíodar ag gáire
agus ag léim arís, mise ina measc ag aithris orthu ag léim, nó ag iarraidh
a bheith. Rinneadar an rud ceannann céanna linn uilig. Sea! Spraoi
agus spórt leis na Maasai ar imeall na páirce, damhsa ar an sean-nós, nó
an *Adumu*, mar a thugtar air.

Is cuid lárnach d'íomhá na hAfraice iad na Maasai lena gcuid staire,
nósanna agus seanchais. Is iad is mó a choinnigh greim ar a gcultúr ó
tháinig siad ó dheas ó cheantar na Níle san 15ú haois, agus ba leo stráice
mór talún sa gCéinia agus sa Tansáin. Is treibh thréadach iad agus tá grá
acu do bheithígh agus do ghabhair. Mhaireadar go síochánta agus
leanadar amach gan stró go dtí deireadh an 19ú haois nuair a scrios plá
na mbó agus an bholgach idir bheithígh agus daoine. Níor thit aon
bháisteach cheart in 1897 agus 1898. Tugtar an *Emutai*, an scrios, ar
bhlianta sin an ghorta.

Tharla scrios arís i 1904 agus 1911. Thóg an cine geal an t-uafás
talún ó na Maasai i gconarthaí a shíníodar faoi bhrú nó gan tuiscint
cheart a bheith acu ar choincheap úinéireacht na talún. In áit shaoirse
an raoir agus na heachréidhe bhí na Maasai teoranta do cheantair Narok
agus Kajiado. Chailleadar tuilleadh talún ar theacht na bpáirceanna
náisiúnta ach, in ainneoin brú ó rialtais agus ón saol, chlóigh siad leis an
tslí mhaireachtála a bhí acu leis na cianta, ag bogadh ó áit go háit lena
gcuid beithíoch agus gabhar.

Tá scéalta faoi fhuadach beithíoch, troid agus achrann fite fuaite ina
chéile i seanchas na Maasai. Chuireadar an ruaig ar threibheanna eile
nuair a thógadar seilbh ar an Scoiltghleann. Bhíodh sleá agus sciath ar
iompar acu mar aon le *orinka*, cleith adhmaid chrua a chaithidís le
namhaid, ceann de na maidí troda a d'iompair mé féin an mhaidin sin.

Cé gur fánaithe iad, fanann siad in áit amháin ó am go chéile ag brath ar an aimsir, na séasúir agus sláinte na mbeithíoch. Is iad na mná a thógann na tithe nó na *inkajijik*. As maidí múnlaithe cosúil le nead mór éin bunoscionn atá siad déanta. Clúdaítear iad le puiteach, féar agus cac bó measctha le fual. Thart ar an mbaile beag tógtar sconsa sceiche leis na beithígh agus na daoine a choinneáil slán ó ainmhithe fiáine san oíche.

Thug muid cuairt ar cheann de na tithe. Bhí áit faoi leith ann do na fir, na mná agus na gasúir. Mhínigh fear an tí dúinn go bhfuil siad compordach, agus nuair a bhogann na Maasai ar aghaidh go háit éigin eile fágtar ansin iad agus scriosann an aimsir iad gan mhoill.

Thaispeáin siad dúinn an chaoi le tine a lasadh. Chas duine acu maide go sciobtha idir a dhá láimh le bun an mhaide ar fhéar tirim. Leis an teas a ghin an t-adhmad ba ghearr gur las an féar. Tá lastóirí acu ach is breá leo an sean-nós freisin. Is cultúr fireann é agus is iad na seanóirí a choimeádann dlí, stair agus seanchas na clainne agus a réitíonn aon aighneas. Is iondúil gur féidir aighneas a réiteach le malairt beithíoch.

Chomh luath is a bhíonn buachaill óg in ann siúl bíonn air aire a thabhairt do laonna nó do mheannáin. Obair theaghlaigh nó bleán atá i ndán do na cailíní. Sa mbaile beag seo bhí neart páistí ag spraoi leo féin nó faoi chúram Mhamó agus na mná óga ag réiteach béile don chlann.

Chuile chúig bliana déag, nó mar sin, bíonn searmanas mór ina ndéantar *morani* de ghlúin eile. Cruinníonn na fir óga idir dhá bhliain déag agus cúig bliana déag le chéile i *manyatta*, baile beag a thógann máithreacha na bhfear óg atá ag fanacht le gearradh a bhforchraicinn. Glacann siad leis an bpian gan screadach gan chaoineadh. Maireann an fhéile deich lá agus oíche. Déanann siad damhsa péacógach os comhair na gcailíní, i ngar dóibh ach gan aon chead acu lámh a leagan orthu. Déanann máithreacha na laochra damhsa os a gcomhair in ómós dá gcrógacht is dá misneach.

Tá na *morani* freagrach as slándáil na clainne, agus caitheann siad an chuid is mó den am ag siúl thart ag coinneáil súile ar na beithígh. Is iad atá freagrach as díol agus ceannacht na mbeithíoch agus a chinntiú go bhfuil mianach na mbeithíoch ar ardchaighdéan le pórú agus le ceannacht.

Creideann na Maasai in aon dia amháin. Tá dhá nádúr ag *Engai*: *Engai* Dubh, an dia ollchairdiúil, agus *Engai Nanyokie*, an dia dearg atá díoltasach. Tá Cnoc Dé nó Ol Doinyo Lengai i dtuaisceart na Tansáine. Ach is é an fear feasa, nó an seaman, an duine is tábhachtaí i saol na ndaoine. Tá scil aige i luibheanna, leigheas agus tairngreachtaí. Is óna phearsantacht seachas a chuid stádais a thagann a chuid cumhachta. Sa tseanaimsir bhíodh sé in ann leas a bhaint as a chumhacht agus an treibh ag dul chun catha. Lena chuid paidreacha bheadh chuile rath ar na *morani*. Ach anois is í an bháisteach an chloch is mó ar a phaidrín. Tá pisreoga agus orthaí aige le báisteach a mhealladh, ach glacann siad le toil Dé agus toil an nádúir má leanann an triomach tréimhse thar an ngnáth. Tá cuid de na Maasai ina gCríostaithe ó aimsir na misinéirí ach cloíonn siad le nósanna an tseanchreidimh i gcónaí. Deiridís gurbh é Dia a thug na beithígh dóibh an chéad lá riamh agus go raibh chuile chead acu beithígh a ghoid. Ach sin nós amháin atá imithe as faisean.

Cailltear an t-uafás naíonán go gairid tar éis breithe, agus mar gheall air sin ní thugtar aon aitheantas ceart dóibh mar dhaoine go dtí go mbíonn trí ghealach slánaithe acu. Níl aon searmanas ag baint le bás an duine. Ní chuirtear sa gcré ach na móruaisle, mar gheall ar an dochar a dhéanfadh na coirp don talamh. Fágtar na mairbh amuigh ar an eachréidh do na hainmhithe fiáine.

Is í an Maa teanga ársa na Maasai, ceann de theangacha cheantar abhainn na Níle a tháinig ó dheas leo. Is iad na El Molo an t-aon dream eile a labhrann an Maa, nó teanga atá gaolta léi. Deirtear go bhfuil sí thar a bheith "teangach", is é sin le rá go mbraitheann na fuaimeanna ar do theanga. Ar bhealach is teanga leathan í, seachas caol – ach oiread leis an nGaeilge baineann siad fad as na focail. Is ionann "*Sopa?*" agus "Cén chaoi a bhfuil tú?" Freagraíonn tú, "*Epa*" (iontach). Baineann siad fad as na gutaí. Cloisfidh tú neart "*Ee*" ar nós "*Eh*" an Bhéarla ach níos faide. Ciallaíonn sé "Sea" nó "Aontaím leat". Má chaitheann tú neart "*Eeeh*" isteach sa gcaint glacfar leat. Ceapann siad go dtuigeann tú iad. Níl mórán den teanga scríofa síos agus níor foilsíodh foclóir go dtí le gairid. Ní baol don teanga, agus múintear Béarla agus Swahili sna scoileanna.

Tá saol na Maasai ag athrú agus tá a lán díobh ag obair i dtionscal na turasóireachta mar threoraithe safari. Bíonn cuid eile acu ag obair sna lóistí agus tá an-tóir orthu mar ghardaí slándála. Ach is iad na beithígh is fearr leo cé go bhfuil sé deacair an seansaol a choinneáil ag imeacht. Ag filleadh abhaile ó Nairobi nó baile eile, is cuma cá mbíonn siad, cuireann siad orthu an t-éadach dearg agus an ornáidíocht thraidisiúnta. Caitheann siad Maasai Barefoot Technology dá gcuid féin: bróga nó cuaráin déanta as boinn charranna.

Fadó mhairidís ar bhainne, feoil agus fuil na mbeithíoch. Thógtaí fuil ón bhféith scornaí agus mheasctaí le bainne í. D'ithidís feoil ó am go ham ach, le meas ar na beithígh, ní mórán feola a itheann siad. Anois itheann siad maistreadh de mhin bhuí le bainne, im, pónairí agus fataí. Ní bhíonn siad trom agus tá siad aclaí.

Bhain muid an-spórt astu, cé nach raibh mórán Béarla acu. Shuigh duine acu sa *jeep* agus é ag ligint air go raibh sé ag tiomáint. Bhí an-suim acu sa gceamara digiteach agus bhí siad lagtha ag gáire ag breathnú orthu féin ar an scáileán beag ar chúl an cheamara. Chaith muid seal le mná an bhaile, agus tá cór na mban i bhfad níos fearr ná cór na bhfear. Canann duine acu an fonn agus tagann an chuid eile isteach ag tabhairt freagra di nó ag casadh curfá. Ansin deir amhránaí eile ceathrú eile agus mar sin de. Canann siad gan tionlacan agus ní fhaca muid drumaí mar atá coitianta ag treibheanna eile.

Choinnigh na gasúir súil ghéar orainn, ach ó am go chéile thagadh duine acu gar dúinn le lámh a chroitheadh nó craiceann láimhe a chuimilt. Dar leosan, is fionnadh atá ar chraiceann an duine ghil. Bhí meascán de gháire agus faitíos ann. Baineann siad spórt as gruaig fhionn ar mhná nó fir. Deir siad gur mar a chéile iad agus dath an leoin. Má phiocann tú suas iad, mothóidh tú iad ag breathnú go géar ar chraiceann do chloiginn agus taobh thiar de do chluasa, ag iarraidh a fháil amach an bhfuil aon chraiceann gorm ort. Tugann siad daoine bándearga orainne.

Tar éis tamall a chaitheamh ag caint thugadar cuireadh dúinn cuid de na seoda a dhéanann na mná a cheannacht. Tá cáil ar na muincí, fáinní cluaise agus bráisléid déanta as coirníní beaga ildaite. Ar theacht an chine ghil thosaigh na Maasai ag ceannacht ábhar na seod uathu. Sula dtáinig an plaisteach agus an ghloine d'úsáid siad cnónna, cnámha, copar agus adhmad. Tar éis dóibh na beithígh a bhleán agus aire a thabhairt do na gasúir, caitheann na mná cuid mhaith den lá le chéile ag déanamh seod dóibh féin agus le díol.

Tá brí faoi leith ag chuile ceann dá gcuid seod, idir na dathanna agus an dearadh atá orthu. Caitheann bean óg atá geallta muince mór le hornáidíocht chasta. Caithfidh chuile cheann acu a bheith ceart de réir seanrúibrící na clainne. Is ionann an dath dearg agus contúirt, crógacht, spreacadh agus neart na ngéag. Seasann gorm do dhath na spéire as a dtagann uisce do bheithígh agus daoine. Tá an dath glas ar nós dhath an *olari*, planda ard a fhásann sa gceantar. Bíonn na Maasai ag guí ar mhaithe le féar ard agus láidir. Tá an dath buí ar nós dhath na gcraicne a leagann siad anuas ar na leapacha tuí. Is é an dubh dath na Maasai agus ciallaíonn sé cruatan as tsaoil. Glactar leis an gcruatan mar chuid de rotha an tsaoil: thuas seal agus thíos seal, seal ag gáire agus seal ag caoineadh. Ach, thar aon ní eile, deir siad gur mar a chéile uilig muid.

Is cinnte go bhfuil bá faoi leith acu leis an nádúr agus an dúlra. Is iontach an rud é gur mhair a gcultúr chomh fada sin. Ní hamháin go dtuigeann siad gur cuid den nádúr sin an duine ach tuigeann siad freisin nach mbeidh muid anseo ach ar feadh seal agus gur chóir meas a bheith againn ar an nádúr. Ní fhanann aon rud ar an gcaoi chéanna i bhfad.

Sa lá atá inniu ann bíonn i bhfad níos mó turasóirí ag iarraidh casadh leo agus leas a bhaint as an tuiscint atá acu ar an dúlra. Eagraíonn comhlachtaí safari siúlóidí leis na Maasai. Is féidir siúl ó champa go campa agus duine de na Maasai do do thionlacan. Tugtar deis duit a bheith níos gaire do na hainmhithe agus do na héin agus leas a bhaint as saineolas mhuintir na háite agus do lorg carbóin a laghdú.

B'fhearr le cuid mhaith sa gCéinia dá nglacfadh na Maasai leis an saol nua-aimseartha agus le nósanna na haoise seo seachas a bheith ag cosaint cultúir atá as dáta. B'fhearr leo freisin dá mbeadh na tailte curtha agus go mbeadh oideachas foirmeálta ar na gasúir agus cineál íomhá turasóireachta a chruthú don treibh. Nach bhféadfaidh siad a bheith ag damhsa agus ag gabháil fhoinn sna lóistí do na fámairí seachas a bheith ag bogadh ó áit go háit le beithígh?

Tá gar do mhilliún Maasai ann, idir an Chéinia agus an Tansáin, agus cé gur thug cuid acu droim láimhe don seansaol, tá a bhformhór bródúil as a gcultúr agus as a gcuid beithíoch.

Níor éirigh muid tuirseach den safari agus ag breathnú ar na hainmhithe. Tá an áit chomh fairsing agus chomh héagsúil gur féidir taisteal ar bhóithre na páirce gan mórán turasóirí eile a fheiceáil. Má thagann grúpa amháin ar ainmhithe as an ngnáth, scaipeann an scéal go tapa ar an gcóras raidió atá sna feithiclí. Ní thugtar mórán spáis do scata leon agus chuile dhuine ag iarraidh grianghraf a thógáil díobh. Agus tá saoránaigh náisiúin áirithe níos measa ná na Gaeil le gleo, caint os ard agus a gcuid ceamaraí chuile áit. Mar sin is fearr i bhfad turas géime a dhéanamh go moch ar maidin nó deireanach sa tráthnóna.

Ó tharla an pháirc a bheith chomh mór sin, tá éagsúlacht dúlra agus ainmhithe ann, idir chinn mhóra, chinn bheaga agus éin. In abhainn an Mara bhí neart dobhareach ag spraoi san uisce. Ar an mbruach chonaic muid scata *warthog* nó an mhuc ghránna. Tá sé míshlachtmhar agus tá gaol aige leis an muc. As a bhéal tá dhá phéire torscaí. Úsáideann sé iad len é féin a chosaint agus chun tochailt. Itheann siad chuile shórt, idir phlandaí, uibheacha agus ainmhithe marbha. Tá siad go maith ag rith cé go bhfuil cosa gearra orthu, agus bíonn a n-eireaball stumpach ag croitheadh gan stad. Sa séasúr cúplála bíonn fonn troda orthu, ach má bhíonn baol ann, tá siad in ann éalú go tapaidh.

Ní fios go baileach cén fáth a dtosaíonn aistriú na n-ainmhithe ach chuile bhliain déanann na mílte agus na mílte gnúnna agus séabraí a mbealach ón Serengeti ó thuaidh chuig feár glas an Maasai Mara. Tosaíonn an t-aistriú i mí Iúil. Agus ag abhainn an Mara bíonn na crogaill ag fanacht leo. Tar éis báistí móire bíonn fuarlach san abhainn agus léimeann na gnúnna isteach ón mbruach. Báitear na mílte díobh agus bíonn an crogall breá beathaithe ina ndiaidh.

Bhí muide agus scata fámairí eile ar bhruach na habhann go bhfeicfeadh muid na crogaill a chruinníonn ansin. Bhí sé deacair iad a fheiceáil i bhfolach sna crainnte atá leagtha ar bhruach na habhann, bhí siad chomh socair sin. Chuir Fred fainic orainn gan dul róghar don bhruach Ghlac muid lena chomhairle gan amhras.

I measc na bhfámairí eile bhí beirt as tuaisceart Shasana le canúint

Geordie. Bhí an fear meánaosta ag cur de, ag maíomh faoi na hainmhithe uilig a chonaic sé ar an safari. Cuireann caint os ard ar safari as do chuile dhuine, mar a thuigfeá. Lean an tsíorchaint agus mo dhuine ag déanamh ar bhruach na habhann ag iarraidh pictiúir a thógáil. Ansin, nár shleamhnaigh sé isteach san abhainn! Leis sin dhúisigh na crogaill ar an mbruach thall. Thosaigh bean an *Geordie* ag screachaíl. Ní fhaca tú aon fhear riamh ag éalú ón uisce chomh scafánta leis. Tháinig sé slán agus é fliuch báite. Níor cloiseadh mórán uathu an chuid eile den lá.

An mhaidin dár gcionn dhúisigh muid ag a cúig agus thug Fred muid chuig láthair an bhalúin aeir, áit a raibh sé leagtha amach ar an talamh agus réidh le líonadh le haer te. Lasadh an gás agus thosaigh an balún ildaite ag líonadh. B'iontach an radharc é, lasracha dearga i ndorchadas na maidne. Threoraigh an píolóta isteach sa gciseán muid. Bhí sé ag éirí geal agus seisear againn ag éirí ón talamh, agus chuir an píolóta ar ár suaimhneas muid. Bhí buachaill óg Síneach scanraithe agus é ag i ngreim daingean i gcois a athar. Ó am go chéile tharraingíodh an píolóta hanla agus thagadh tuilleadh gáis lasta as an tanc. Choinnigh an balún air ag éirí agus ba ghearr go raibh muid míle troigh san aer.

Thíos fúinn bhí éin na páirce ag fógairt an lae agus na hainmhithe ag déanamh neamhshuime dínn agus iad ar a mbealach soir i dtreo abhainn an Mara. Thóg an ghaoth muid i dtreo na gréine, a bhí ag éirí taobh thiar den scailp. Thug an píolóta tuilleadh gáis don bhalún agus d'éirigh muid tuilleadh. Bhí trúpa eilifintí ina suí, agus ar a mbealach soir agus gar dá bpluais bhí leoin óga ag spraoi sa bhfeár agus an leon baineann ag coinneáil súile orthu. Ba chuma faoin ngoimh san aer agus an domhan fúinn. Bhí an Síneach óg ar a shuaimhneas agus é ag baint suilt as na radharcanna.

Ó am go chéile shílfeá go raibh muid le tuirlingt sna crainnte agus ansin d'éiríodh muid arís agus an píolóta ag taispeáint ainmhithe dúinn:

na mílte gnúnna agus séabraí. Scanraigh muid scata éalann agus antalóp agus thosaigh siad ag rith ar cosa in airde. Ba iontach a bheith ag breathnú síos ar na sioráif arda ag sodar go grástúil.

Mhair an turas uair an chloig, agus de gheit thuirling muid. B'éigean dúinn cromadh síos sa gciseán nuair a bhuail sé faoin talamh agus ansin éalú as nuair a thit sé. Bhí mionbhus ag fanacht linn agus thug sé muid chuig an *bush breakfast* a bhí réitithe dúinn. Ar phlásóg bhí boird, cathaoireacha agus cisteanach. D'ól muid seaimpéin agus an cócaire ag friochadh bagúin, ispiní agus uibheacha. D'ith muid torthaí agus pancóga le subh agus mil. B'iontach an féasta é i gcuideachta na Síneach agus clann ón mBreatain.

Cén chaoi a gcoinneoidh mé greim ar chuimhní na maidne sin agus an ghealach agus an ghrian sa spéir? Ní dheanfaidh aon phictiúr ná stór focal cúis sách maith. Níl a fhios agam cén fáth ar chuimhnigh mé air: oíche i bhfad siar, dhá scór bliain ó shin, nuair a rug m'athair i ngreim láimhe orm agus sheas muid sa ngairdín ag breathnú i dtreo na gealaí. B'in í an oíche a thóg an cine daonna an chéad choisméig ar an ngealach. Dúirt m'athair paidir in ónóir do rí na ndúl. B'in í mo phaidirse an mhaidin sin ar an Maasai Mara.

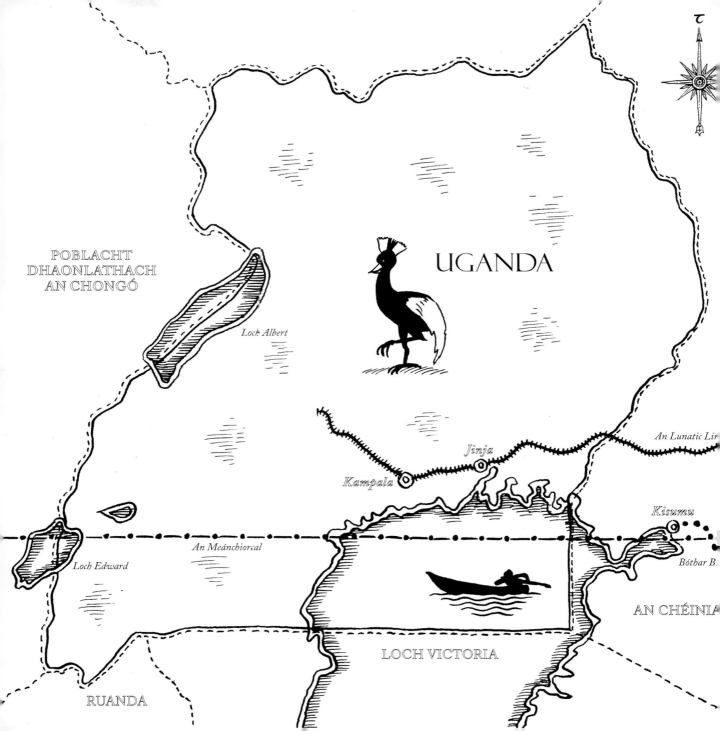

POBLACHT
DHAONLATHACH
AN CHONGÓ

UGANDA

Loch Albert

An Lunatic Lir

Kampala

Jinja

Kisumu

An Meánchiorcal

Loch Edward

Bóthar B.

AN CHÉINIA

RUANDA

LOCH VICTORIA

5. Uganda

Bhí sé déanach sa tráthnóna nuair a shroich mé Kampala, príomhchathair Uganda. Bhí orainn tuirlingt den bhus agus gan muid ach cúpla míle amach ó Kisumu. Thit an sceithphíopa den bhus le splancacha, gleo agus deatach. Bhí an lá beagnach caite faoin am a tháinig fear le cabhair agus le deis táthaithe.

B'fhurasta taisteal fadó in oirthear na hAfraice. D'fhéadtaí dul ar an traein an bealach uilig ó Nairobi go Kampala, nó d'fhéadtaí dul ar bhád farantóireachta ó bhruach amháin de Loch Victoria ar thaobh na Céinia go dtí an bruach eile ar thaobh Uganda. Ach cuireadh deireadh leis an gcóras traenach ceal paisinéirí, agus ní raibh na báid farantóireachta sábháilte a thuilleadh. Sa lá atá inniu ann caithfidh duine a bheith foighneach ag taisteal san Afraic mar ní bhíonn sa sceideal ach leid nó buille faoi thuairim, agus mura nglacann tú le rithim na mór-roinne, cuirfear soir thú.

Tá an Speke Hotel i lár na cathrach, gar don pharlaimint, na siopaí móra agus ardoifig an phoist agus gar freisin do na hóstáin nua atá forleathan anois sa gcathair. Le hais Nairobi tá Kampala glan agus sábháilte. Trasna ón óstán tá páirc agus í faoi bhláth ar nós Fhaiche Stiabhna. Bhí mé an-tógtha leis an áit.

Is breá an rud é brat na hÉireann a fheiceáil ar foluain chomh fada seo ó bhaile. Tá ambasáid againn in Kampala ón mbliain 1994 ar aghaidh. Caitheadh €41.8 milliún ann i 2008, agus tá sé i gceist acu €35.5 milliún a chaitheamh i 2009. (Is í an ghéarchéim airgeadais sa tír s'againn féin is cúis leis an gciorrú seo.) Tugtar Irish Aid, nó Cúnamh Éireann, ar an gcúnamh a thugann muid do na tíortha bochta san Afraic agus san Áis. Fear an-ghnóthach é Fintan Farrelly, ceann forbartha na hambasáide.

Is ar oideachas, HIV/AIDS agus neartú dea-rialachais, dlí agus cirt a chaitear formhór an airgid. Comhoibríonn siad leis na hambasáidí eile chun a chinntiú go gcaitear an t-airgead i gceart agus nach bhfuil aon chamiléireacht ar bun. Óna thaithí deich mbliana le Concern tuigeann Fintan go rímhaith na hargóintí atá in aghaidh airgead a thabhairt don rialtas seachas é a threorú trí eagraíochtaí neamhrialtais ar nós GOAL, Concern agus Trócaire. Mhínigh sé dom go bhfuil an caiteachas níos éifeachtaí mar chuid de phlean agus straitéis in aghaidh an bhochtanais. Ar ndóigh, tá na heagraíochtaí Éireannacha agus misinéireachta ag treabhadh leo i gcónaí agus iad molta go hard, agus tá siad ag fáil neart airgid ón rialtas.

Thug Fintan chuile chabhair dom agus mhol sé áiteanna le feiceáil agus daoine arbh fhiú casadh leo ar mo chuairt ghairid ar Kampala. Ní fhaca mé an loch ná an abhainn ar mo bhealach siar, agus thar aon ní eile tá clú ar Uganda mar gheall ar Loch Victoria agus an Níl.

Cá raibh foinse na Níle nó an Omugga Kiyire (mar a thugtar go háitiúil uirthi), an abhainn is faide ar domhan? Ó aimsir na Rómhánach ba cheist chonspóideach í, mar thuigeadar go raibh dhá abhainn i gceist, an Níl Bhán agus an Níl Ghorm. Sa naoú haois déag fuair an tAlbanach James Bruce amach gurb é Loch Tana san Aetóip foinse na Níle Goirme. Bhí a fhios ag na seantaistealaithe go raibh foinse na Níle Báine i bhfad níos faide ó dheas, gar do lár na hAfraice.

Pé ar bith cé as a dtáinig an abhainn bhí tuiscint mhaith acu ar a tábhacht, a neart, a fad agus an ról lárnach a bhí ag an abhainn i saol na ndaoine a mhair ar a bruach. Ón bhfoinse go dtí go ndoirteann sí a bhfuil aici i ndeilt na hÉigipte, tá an Níl gar do 6,650 ciliméadar ar fhad. Ar an mbealach ó thuaidh sníonn sí a bealach trí Uganda, an Chéinia, an Aetóip, an tSúdáin agus an Éigipt.

Titeann míle milliméadar báistí chuile bhliain i Uganda agus sna tíortha máguaird. Ní thiteann ach céad milliméadar sa mbliain in Khartoum na Súdáine. Tá an Níl riachtanach mar fhoinse fíoruisce agus, níos tábhachtaí fós, crochann sí na mílte tonna lathaí léi ar a bealach ó thuaidh. Tá sé ráite gur ar bhruach na Níle, san Éigipt, a thosaigh an cine daonna ag feirmeoireacht. Is mar gheall ar thorthúlacht an cheantair a lonnaigh an oiread sin daoine i gCaireo.

Mar atá feicthe againn ba é John Hanning Speke an chéad Eorpach a tháinig ar Loch Victoria in 1858 agus é ag cuardach fhoinse na Níle ach bhí taistealaí eile de chuid na linne sin cinnte go raibh an fhoinse i bhfad níos faide ó dheas ná sin. Cheap Richard Burton gur as Loch Tanganyika a tháinig sí. Faoin am a raibh an cheist uilig socraithe ag an Royal Geographical Society bhí Speke marbh tar éis timpiste gunna. Chuir a bhás tubaisteach leis an gconspóid, ach sa mbliain 1877 cuireadh deireadh leis an díospóireacht uilig nuair a glacadh le teoiric Speke.

I do sheasamh ar bhruach an locha, ní cheapfá, ar an gcéad léamh den scéal seo, go raibh baint aige le saol mhuintir na hAfraice agus iad ag maireachtáil gan stró ar bhruach an locha, is cuma cén t-ainm a thabharfaí ar an loch. Is dóigh gur cineál spraoi nó caitheamh aimsire a bhí sa gcaint uilig faoi fhoinse na Níle do lucht airgid agus iad ag leathnú réimse na hImpireachta. Ach ar an láimh eile, bhí (agus tá fós) eolaíocht an locha ríthábhachtach do dhul chun cinn an réigiúin. Breathnaíonn an Nile Basin Commission, eagraíocht ilnáisiún, i ndiaidh fhorbairt an locha agus comhoibriú idirnáisiúnta ar mhaithe le muintir an réigiúin. Is foinse thábhachtach leictreachais í an abhainn anois, agus is iad Damba Owen i Uganda agus Damba Aswan ó thuaidh san Éigipt na láithreacha ginte leictreachais is mó.

Tagann an t-uafás fámairí go dtí an áit seo. Bhíodh seanchomhartha ann ag tagairt do Speke ag maíomh gurbh é a *discovered the source of the Nile*. "Bhí foinse na Níle ann i bhfad sular tháinig an cine geal agus is ar mhaithe leo féin a tháinig siad," a dúirt mo threoraí. Tá leacht cuimhneacháin ann freisin do Mhahatma Gandhi, a lámhachadh i 1948. Scaipeadh cuid dá luaithreach anseo ag foinse na Níle.

Tá dlúthcheangal idir oirthear na hAfraice agus an India a théann siar go tús an fichiú haois. Tháinig na mílte oibrithe dintiúir ón India leis an mbóthar iarainn a thógáil ó Mombasa ar an gcósta go Kampala. Thosaíodar ag leagan na ráillí in 1896, agus de dheasca na ndeacrachtaí lóistíochta tugadh an *Lunatic Line* air. Insítear go leor leor scéalta faoin líne chéanna. Ba gheall le sclábhaithe na hoibrithe, agus ar ndóigh bhí nádúr na háite baolach freisin.

Tá seanchas leoin Tsavo i mbéal an phobail i gcónaí. Gar don áit a raibh droichead á thógáil thar abhainn an Tsavo a tharla na heachtraí tubaisteacha. Rinne péire leon fireann slad ar na hoibrithe. I lár na hoíche sciobaidís leo oibrithe gan choinne. Níor fágadh ach na cnámha. Tá sé ráite gur mharaigh siad ocht nduine fhichead, Indiaigh a bhformhór, sular chaith an Coirnéal John Henry Patterson iad. Tá na craicne le feiceáil sa Field Museum of Natural History i Chicago.

D'fhan cuid mhaith de na hoibrithe sa gceantar tar éis oscailt an *Lunatic Line* i 1903. Le himeacht ama ba chuid den mheánaicme nua iad lena gcuid siopaí, ag malairt airgid agus ag freastal ar an ngeilleagar nua a bhí bunaithe ar thrádáil.

Is i gcathair Jinja, gar d'fhoinse na Níle, a chuir siad fúthu agus tá rian a gcultúir le sonrú fós ann. Tá ailtireacht na hIndia ann i gcónaí, cé go bhfuil drochbhail ar chuid de na foirgnimh tar éis stair chorrach thús na seachtóidí nuair a chuir an craiceálaí sin Idi Amin an ruaig orthu. Ní hamháin go raibh Amin géar ar mhuintir na hÁise ach ní fhéadfadh aon dream eile seasamh ina aghaidh. Rialaigh sé go brúidiúil agus go barbartha. Ba mhinic iontógáil an damba a bheith plúchta le corpáin. D'fhill na hÁisigh nuair a ceapadh Yoweri Museveni ina Uachtarán i 1986 ach tá teannas ann i gcónaí, agus beidh go dtí go mbeidh meánaicme an chine ghoirm níos láidre agus go mbeidh gach smál de chiníochas an choilíneachais díbrithe.

Tá cathair Jinja ciúin agus is iad na tacsaithe rothair nó na *boda boda* is mó a fheictear ar na sráideanna leathana agus iad ag iompar mhuintir na háite soir agus siar. Is ón bhfocal Béarla *border* a thagann *boda*. Fadó bhídís le fáil gar don teorainn ag iompar daoine idir na teorainneacha.

Ag breathnú ó thuaidh ar Dhamba Owen agus an abhainn ag imeacht le sruth, ní cheapfá go raibh Uganda, péarla na hAfraice, gar do scrios i ré Amin. Ar an abhainn bhí báidín, gearrtha as crann, ar a bhealach ó bhruach amháin go bruach eile le lastas glasraí. Ó dheas bhí buachaill óg ag ní léine. Cá bhfios nach iad na radharcanna ceannanna céanna a chonaic Speke i bhfad siar nuair a sheas sé anseo?

Níl an díospóireacht uilig faoi fhoinse na Níle, a thosaigh i bhfad siar, thart fós. Le breis eolaíochta agus le grianghraif shaitilíte, tá i bhfad níos mó ar eolas againn faoi fhoinse na Níle. Níl aon amhras ann an geábh seo.

Bhí an ceart ag Joseph: ní raibh mórán athruithe tagtha ar an áit ó na seachtóidí. Bhí muid gar don spota trí mhéadar sa linn snámha a bhí sa ngrianghraf: Ida Amin ag snámh i linn snámha an Sheraton Hotel in Kampala am éigin i dtús na seachtóidí.

Sea! Idi Amin Dada, VC, Conqueror of the British Empire and President of Uganda for Life, lena theideal iomlán a thabhairt dó. Thabharfadh Joseph leide dom ar shaol agus carachtar an deachtóra. Bhíodh Joseph ag obair dó fadó mar thiománaí agus bhí aithne mhaith aige air.

Bhí an-cháil ar Amin mar dhornálaí agus é ina shaighdiúir óg sna King's African Rifles in arm Impireacht na Breataine. Bhí cáil faoi leith ar a threibh; fir mhóra ó thuaisceart na tíre gar don tSúdáin ab ea iad, agus is cosúil go raibh a mháthair ina Críostaí agus a athair ina Mhoslamach. Níor choinnigh a chuid easpa oideachais siar é, agus i 1958 ceapadh é ina *Effendi*. Séard a bhí san *Effendi* (sa gcomhthéacs seo) ná oifigeach den chine gorm gan, ar ndóigh, coimisiún ón Rí, rud nach mbeadh le fáil aige go ceann scaithimh eile. Ach má bhí Amin ag fáil ardú céime thar a ghradam, ba ghearr go raibh cáil air freisin mar gheall ar a bhrúidiúlacht. Le linn chogadh na Mau Mau i 1962 bhí sé lonnaithe sa gCéinia agus scrios sé gan fáth gan ábhar baile beag gar do Loch Turkana agus mharaigh sé triúr. Tá sé ráite gur shábháil Milton Obote, céad Uachtarán Uganda, é. Bheadh scileanna Amin ag teastáil ó Obote níos déanaí.

Is fiú breathnú siar ar ról na Breataine i Uganda, nó Buganda mar a thugtaí tráth ar an ríocht ársa seo ar bhruach Loch Victoria. Ghlac na

Gearmánaigh seilbh ar an áit sa mbliain 1884, tar éis gur cuireadh an ruaig ar na Moslamaigh a tháinig intíre sa tóir ar sclábhaithe. Níor choimeád an Ghearmáin an áit i bhfad, mar bhí oileán straitéiseach Heliogoland ag na Briotanaigh sa Muir Thuaidh agus shocraigh siad an dá áit a mhalartú. Ar ndóigh, ní raibh aon chaint ar thuairimí mhuintir na háite. Ba iad na Liobrálaithe, faoin bPríomh-Aire W. E. Gladstone, a rinne an cinneadh seilbh a ghlacadh ar Buganda. I mí an Mhárta 1893, d'ardaigh Sir Gerald Porter brat na hImpireachta in Kampala.

Níor mhair coilíneacht na Breataine i Uganda ach naoi mbliana is trí scór. Cinnte, is ar mhaithe leo féin a thógadar an áit, agus is cinnte, ag deireadh a ré, nach raibh rudaí leath chomh dona agus a bhíodar in áiteanna eile, faoi smacht tíortha eile. Ní raibh aon fhíorbhochtanas sa tír agus bhí Uganda ag easpórtáil go leor caife, tae agus cadáis. Bhí córas oideachais agus sláinte ag na misinéirí (Caitlicigh agus Protastúnaigh). Ach nuair a bhristear an seanmhúnla agus an seanchóras rialtais, is deacair rud éigin fónta a chuir ina áit, rud a tharla go rómhinic san Afraic.

Ar theacht dheireadh ré an choilíneachais cuireadh ar leataobh ceist na ríochtaí neamhspleácha a bhí sa gceantar sin. Bheadh córas feidearálach ann agus bheadh an Rí, Kabaka Mutesa II (nó King Freddie mar a thugtaí air sna páipéir ón iasacht), ina cheann stáit. Níor thaitin an socrú leis an bPríomh-Aire, Milton Obote, agus ar ordú uaidh rinne Amin (a bhí anois ina leascheannaire ar fhórsaí armtha na tíre) ionsaí ar an bpálás. D'éalaigh an Rí go Sasana. Cuireadh an bunreacht ar ceal. Cheap Obote é féin mar Uachtarán Saoil, agus an lá sin mharaigh fórsaí Amin dhá mhíle duine. Ní raibh mórán suaimhnis ag muintir Uganda ón lá sin, 24 Bealtaine 1966, go Márta 1986. Bhí ré fhuilteach Uganda tosaithe, agus sna scór blianta sin, mharófaí na céadta mílte, nó iad imithe gan tásc gan tuairisc, agus scriosadh eacnamaíocht na tíre.

Níor mhair an cairdeas idir Obote agus Amin i bhfad. Tá sé ráite go raibh Obote feargach mar gheall ar chaimiléireacht sna fórsaí cosanta agus bhí dúnmharú curtha i leith Amin. Bhí ráflaí ag dul thart go raibh Obote le Amin a ghabháil agus é a chur ar a thriail. Ní raibh Amin chun an deis sin a thabhairt dó agus ghlac Amin seilbh ar an gcumhacht i dtús 1971 agus Obote ag cruinniú de chuid Chomhlathas na Breataine i Singeapór.

Bhí muintir Uganda ríméadach le Amin ar dtús. Ní bheadh sé i bhfad i gcumhacht, a dúirt sé. Gheall sé toghchán tar éis achair ghairid. Thug an Bhreatain aitheantas dó gan aon mhoill. Deirtear nach raibh rialtas na Breataine róshásta leis an Marxach Obote agus an chaoi ar chaith sé leis an Kabaka. Bhí seanaithne ag lucht faisnéise MI6 ar Amin agus b'fhéidir gur cheap siad go mbeidís in ann an pleota d'iardhornálaí seo a láimhseáil ar mhaithe leo féin, rud a chinn orthu a dhéanamh le Obote. Agus tháinig an tuar faoin tairngreacht: i dtosach ní raibh cailleadh ar bith ar Amin. Thug sé cead sochraide don Kabaka, King Freddie, a bhásaigh i Londain. Adhlacadh faoi ghradam é ina ríocht féin agus scaoil Amin saor na mílte a bhí faoi choinneáil ó aimsir Obote.

Ach tharraing cinneadh a rinne sé sa mbliain 1972 aird an domhain air. Gan choinne chuir sé an ruaig ar na hÁisigh a bhí ina gcónaí i Uganda. Bhí suas le 50,000 díobh ann agus bhí go leor siopaí agus monarchana faoina gcúram, agus bhí cuid mhaith acu sa státseirbhís. Ní raibh mórán ceana ag an gcine gorm ar chine donn na hÁise; bhí cáil na hoibre agus cáil an ghlicis orthu. Chothaigh Amin easaontas. Thug muintir Uganda tacaíocht do chinneadh Amin ach rinneadh damáiste do gheilleagar na tíre. Roinn Amin na gnóthaí ar a chairde sna fórsaí armtha agus ba ghearr gur thit an tóin astu.

Dar le Joseph, b'in tús deireadh ré Amin agus ba ghearr gur thosaigh an chomhcheilg ina aghaidh. "D'éist sé le droch-chomhairle agus cuireadh amú é." Ach má cuireadh amú é, bhí sé ar ais ar a chuid sean-nósanna. Fuair sé réidh le hoifigigh ó threibheanna na Acholi agus na

Lango. Mharaigh sé iar-Phríomh-Aire, agus leas-seansailéir Ollscoil Makerere in Kampala.

Sa mbliain 1976 bhí Uganda i mbéal an phobail arís nuair a d'fhuadaigh grúpa Pailistíneach eitleán de chuid Air France. Scaoileadar saor ag aerfort Entebbe na gialla uilig ach amháin na Giúdaigh. Bhí Amin ag déanamh fear maith de féin, ag maíomh go raibh sé leis an bhfadhb a réiteach, ach bhí sé ag tacú leis na fuadaitheoirí. Níor thug rialtas Iosrael aon aird ar a chuid bladair agus rinneadar ruathar a shábháil formhór na bpaisinéirí. Mharaigh fórsaí Iosrael scór de shaighdiúirí Uganda. Bhí duine de na gialla, bean aosta darbh ainm Dora Bloch, in ospidéal in Kampala an fhad is a bhí an ruathar ar siúl. Maraíodh í ar ordú Amin.

Tá an sean-chríochphort in Entebbe tréigthe anois agus seaneitleán Air France ag lobhadh. Tagann Giúdaigh le breathnú air agus iad mórtasach gur sheasadar in aghaidh na sceimhlitheoireachta.

Bhaist an t-irisleabhar Afracach *Drum* "Búistéir na hAfraice" ar Amin agus bhí an chosúlacht air go raibh sé imithe ó smacht uilig. I mí Aibreáin 1977 mharaigh sé Ard-Easpag Protastúnach agus beirt iar-airí. Fós féin bhí drogall ar rialtais eile na hAfraice é a cháineadh. Ní bhfuair sé cuireadh chuig cruinniú ceannairí rialtais an Chomhlathais i Londain an bhliain chéanna. Bhain sé leas as an bpoiblíocht ag rá go raibh sé ar a bhealach anonn ar aon nós. Chuaigh sé i bhfolach i dteach in Kampala agus chuir Raidió Uganda amach an scéal go raibh sé ar a bhealach.

Cuireadh rialtais na hEorpa ina gcíor thuathail, rialtas na hÉireann ina measc. Lódáladh scairdeitleán de chuid Aerchór na hÉireann le hurchair. D'fhan an píolóta ina chábán ag fanacht ar ordú eitleán Amin a leagan dá dtiocfadh sé i ngar dúinn. Bhí leoraithe an airm réidh leis na rúidbhealaí a bhlocáil. Bhí amhras faoi eitleán de chuid Aer Lingus ar eitilt traenála. Ba lá mór do na páipéir thablóideacha scéal "Big Daddy"

Amin agus é ag teacht go Londain. Nó go Baile Átha Cliath go bhfóire Dia orainn! Ach cos níor leag sé taobh amuigh de Kampala. Ba bheag nár thit Joseph as a sheasamh ag gáire nuair a d'inis mé an scéal sin dó.

Ach más cruastóir, leibide agus deachtóir gan mhaith a bhí ann nó dúshlán do lucht scríofa ceannlínte nuachtán, ba chás eile ar fad é Idi Amin do mhuintir Uganda. B'fhéidir nach raibh na scéalta uilig faoi fíor ach ní haon áibhéil é an 300,000 duine a maraíodh le linn a réimis. Bhí scéalta ann gur ól sé fuil dhaonna agus go raibh cloigne aige ina chuisneoir sa mbaile. Shéan Joseph na scéalta sin. B'fhéidir nach raibh fírinne ar bith ag baint leo ach mar chuid den bhrúidiúlacht bhíodar thar a bheith éifeachtach ag cothú scéine agus faitís roimhe.

Dar le Joseph, bhí port Amin seinnte nuair a rinne sé ionsaí ar a chomharsa an Tansáin i 1978. Tháinig Milton Obote ar ais i 1979 agus theith Amin. Fuair sé dídean san Araib Shádach. Bhí Obote ar ais i gcumhacht ach ní raibh seisean pioc níos fearr ná Amin; go deimhin, ar bhealaí, bhí sé níos measa. Ní raibh faoiseamh le fáil ag muintir Uganda nó gur ghlac Yoweri Museveni agus an National Resistance Movement seilbh ar an tír i 1986. Tá sé i gcumhacht ó shin.

Tugadh ré Amin chun cuimhne le gairid sa scannán *The Last High King of Scotland* (a rinneadh i Uganda). Thug an t-aisteoir Forest Whitaker an-léargas ar charachtar Idi Amin, dar le Joseph. B'fhear simplí ach casta a bhí ann, a deir sé. D'fhéadfadh sé a bheith cineálta, dea-mhúinte, fiú sibhialta. Bhí sé dílis i gcónaí dá chairde ach dá mbeadh fearg air d'fhéadfadh sé rud ar bith a dhéanamh. Dar le Joseph, bhí sé ina phuipéad ag rialtais an iarthair, go mórmhór an Bhreatain, agus le linn an Chogaidh Fhuair, bhí sé áisiúil dóibh go raibh "cara" acu a d'fhéadfadh said a mhúnlú, ar feadh scaithimh ar aon nós.

Tá pictiúr san irisleabhar *Drum* de Amin agus Iman, an 43ú páiste aige, ina bhaclainn. An raibh aon aiféala ar Amin? Dúirt sé go ndeachaigh na fórsaí faisnéise thar fóir. Chuir sé an milleán ar chuile dhream seachas air féin.

Cailleadh Amin i 2003. Tá daoine in Kampala fós nach siúlann thar Kampala Central Police Station le scéin, agus ag breathnú ar a phictiúr ag linn snámha an Sheraton thuigfinn iad.

Ar mo bhealach ar ais chuig m'óstán chuala mé uaim ceol breá bríomhar na hAfraice, an ceol a scaip go forleathan ón gCéinia go hiarthar na mór-roinne, fuaim na ngloiní sláinte agus fad saoil – bainis, agus lánúin nuaphósta ag ceiliúradh le gaolta agus cairde. I bhfad uainn anachain ré Idi Amin.

"Bhí a fhios agam ón tús go raibh mé difriúil. Leath*muzungu* a bhí ionam; ní raibh mé geal ná donn. Ní rún a bhí ann agus m'athair ina Choimisinéir Ceantair, an "DC" mar a thugtaí air sa tseanaimsir, ré na Breataine. Ní raibh sé éasca ar mo mháthair agus muid ag fanacht i dteach beag gar do theach mór m'athar. Sin é an chaoi a raibh rudaí i 1952, an bhliain a rugadh mé. Cailleadh m'athair agus gan mé ach naoi mí d'aois. Ní raibh a fhios ag a mhuintir sa mbaile i Sasana go raibh muid ann. B'in an chaoi a raibh rudaí ag an am. Goilleann sé fós orm nach bhfuil aon chuimhne agam air. Fear maith a bhí ann, dar le mo mháthair."

In iarthar Uganda, gar do Fort Portal, a tógadh Agnes Nyamayarwo agus bhí saol sách crua aici féin agus a máthair. Ní bhfuaireadar aon chúnamh stáit, mar nár phós athair Agnes a máthair, ach mar sin féin chruthaigh Agnes go maith ar scoil agus ba ghearr gur cháiligh sí mar bhanaltra. Phós sí agus bhí deichniúr clainne aici.

"Fear maith a bhí i m'fhear céile agus bhí post buan aige sa gcóras stáit. Bhí chuile shórt iontach go dtí 1991 nuair a buaileadh tinn é. Ar dtús, cheap muid gur meiningíteas a bhí air. Bhíodh sé céasta ag tinneas cinn agus chaill sé an t-uafás meáchain. Ach ba ghearr gur chuala muid na litreacha HIV. Bhí muid uilig aineolach ag an am. Thugtaí *slim* ar an ngalar, mar gheall ar chomh tanaí is a bhídís siúd a d'fhulaing leis."

Bhásaigh fear Agnes sa mbaile tar éis naoi mí agus í ag tabhairt aire dó chomh maith is a d'fhéad sí agus deichniúr le tógáil aici. Bhí a fhios aici go maith céard a bhí i ndán dó ach bhí sí feargach. Choinnigh sí an fhearg faoi cheilt ar mhaithe leis na gasúir.

"Cén chaoi ar tharla sé?" a deir sí. "Bhí muid dílis dá chéile agus ní raibh aon chaidreamh agamsa le haon fhear eile seachas é. Bhí mé i mo mhaighdean an lá a phós muid. Agus anois céard a bhí romham, nó cén chaoi a mbeadh na gasúir? Cheap mé ag an am go mbeadh muid náirithe os comhair an tsaoil agus mo mháthair féin beo."

Siar sna blianta sin bhí eagraíocht nuabhunaithe i Uganda, TASO (The AIDS Support Organisation), agus le cabhair ó TASO bhí Agnes réitithe don drochscéal. Bhí comhairleoir aici a d'inis di céard a bhí i ndán di féin. Ní raibh sí ag iarraidh dul chuig an dochtúir chun go ndéanfaí tástáil HIV uirthi féin. Ba chuma léi.

"Bhí mé ag cuimhneamh ar na gasúir ach bhí mé ag troid le mo Dhia. Is Caitliceach dílis, buan mé. Sin é an chaoi ar tógadh muide ach anois lig sé síos mé. Mhaith mé do m'fhear ar leaba a bháis é ach fós bhí fearg orm. An dtuigfeá é sin?"

Ach bhí tuilleadh anró i ndán do Agnes. Bhuail tinneas éigin Christopher, an páiste ab óige. Bhí sé i gcónaí lag, bhí deacrachtaí aige a anáil a tharraingt agus chaill sé an t-uafás meáchain.

"Cheap mé i dtosach go raibh eitinn ar mo pheata beag. Is beag nár cailleadh mé ag breathnú ar mo *dotein* beag ag fulaingt. Bhí a fhios agam go rímhaith céard a bhí air. Agus nach raibh mise HIV dearfach freisin. Cailleadh é ar an naoú lá de mhí an Mhárta 1995. D'fhulaing an leaid bocht, agus tar éis chuile shórt ba chineál faoisimh a bhás. D'fheabhsaíodh sé píosa, agus le cúnamh ocsaigine bhíodh sé in ann a anáil a tharraingt. Buachaill cróga a bhí ann agus bhí mo chroí briste."

Ach bhí ar Agnes a bheith láidir do na gasúir eile. Agus thuigeadar freisin go gcaithfeadh sí í féin a neartú agus a choinneáil láidir le seasamh in aghaidh an HIV. Roinneadh na gasúir an greim, a bhíodh sách gann, léi, rud a théann in aghaidh an nádúir, mar a deir sí.

Cheistigh Charles, an mac ba shine í. D'inis sí dó nach raibh aon leigheas ar HIV ach le cúnamh go bhféadfadh sí maireachtáil píosa fada. "Thosaigh muid ag guí ach bhí Charles in ísle brí agus ba ghearr gur bhuail galar dubhach é. Bhí na gasúir eile ar scoil an-ghéar air mar gheall ar an HIV a bheith ormsa. Bhídís ag piocadh air."

Ba é an cúigiú lá de mhí Iúil 1993 an uair dheireanach a facthas Charles. D'éalaigh sé ón scoil chónaithe. Chuardaigh Agnes agus a muintir na hospidéil, na príosúin agus bruach an locha gar don scoil. Ach ní raibh tásc ná tuairisc ar Charles.

"Glacaim leis anois go bhfuil sé marbh, ach más é toil Dé é seo uilig, an bhfuil sé ceart nó cóir? Sin a mhothaigh mé agus iad tógtha uaim. Bhí mé trína chéile. Ag dul ó áit amháin go háit eile sa *matatu*, an mionbhus, d'fhanfainn thar mo stop, ag breathnú uaim. Níor chodail mé néal gan cabhair ó na táibléid. Ba bheag nár chaill mé mo réasún."

Rug sí orm agus chuimil sí na deora. Chonaic mé an phian agus an crá croí. "Murach TASO bheinn in éineacht le m'fhear agus an bheirt a d'iompair mé. Fuair mé amach go raibh neart eile mar mé féin, agus le cabhair agus le misneach chuile dhuine in TASO, d'ardaigh mo chroí. Bhí TASO iontach agus chuireadar na gasúir eile chuig an scoil. Sin a raibh uaim: go mbeadh na gasúir oilte sula bhfaighinn bás."

Bhain an cailín ba shine céim amach sa dlí agus chuaigh sí go Londain agus fuair sí amach cé dar díobh í. Chruthaigh sí freisin go raibh a fhios ag na húdaráis sa mBreatain go raibh muirín ag a seanathair i Uganda. Tá cearta cónaithe sa mBreatain aicise agus ag an gcuid eile anois. Cuireann sí airgead abhaile le cabhair a thabhairt don chuid eile.

D'fheabhsaigh saol Agnes freisin agus, ceal imní, d'fheabhsaigh a sláinte freisin. Tá oideachas tríú leibhéal ar chuile dhuine de na gasúir seachas beirt atá fós ar an meánscoil. "I Uganda is í an mháthair a bhreathnaíonn i ndiaidh oideachas na ngasúr. Molann tú iad. Iarrann tú cúnamh ó Dhia go gcoinneoidh sé láidir iad ina n-anam agus ina gcorp. In ísle brí cheap mé gur lig mé síos iad agus gheall mé do Dhia go dtabharfainn aire dóibh."

D'inis sí dom go dtagann an chlann le chéile chuile oíche chinn bhliana, is cuma cá mbíonn siad. Roinneann siad a gcuid pleananna don bhliain nua le chéile agus, le paidir, tugann siad buíochas do Dhia.

Deir sí freisin nach mbeadh sí láidir gan TASO agus tá sí ina hoibrí deonach leo anois. Tugann sí tacaíocht do mhná eile le HIV. Maireann 80% díobh anois le cabhair ó dhrugaí frith-aisvíreasacha (*anti-retrovirals* nó ARVs). Níl aon leigheas ar HIV ach leis na táibléid agus le togha na beatha is féidir le duine saol fónta a chaitheamh.

I 2002, chas Agnes le Bono agus é ar camchuairt san Afraic le Paul O'Neill, a bhí ina Rúnaí Státchiste i Meiriceá ag an am. Mhínigh sí do Bono go raibh na ARVs daor, agus murach iad go raibh an bás i ndán dóibh. Thaispeáin Agnes flaithiúlacht Bono dom. Rinne sé urraíocht ar an bpointe do ARVs do chúigear is fiche ar feadh trí bliana. Thosaigh Bono feachtas le go mbeadh na táibléid ar fáil gan stró ar phraghas réasúnta. Thaistil Agnes go Meiriceá leis le haird na tíre sin a tharraingt ar HIV/AIDS mar chuid den fheachtas céanna.

Castar daoine inspioráideacha ort ó am go ham agus bíonn tú níos saibhre dá bharr.   Níl a fhios againn cá as a dtagann neart agus fuinneamh leithéidí Agnes, ach is dóigh go gcuirtear daoine áirithe faoi bhrú agus go dtagann na daoine is láidre tríd lena scéal a inseacht agus le croí an chuid eile againn a ardú.

Taobh amuigh d'fhoirgneamh TASO, i lár Kampala, a d'fhág mé slán ag Agnes.   Ar scáth na gréine bhí suas le dhá scór fear agus ban ag ól muigíní tae ag fanacht le roinnt na ARVí, agus bhí mé mórtasach freisin go bhfuil Rialtas na hÉireann i bhfoirm Irish Aid ag tacú leo agus go raibh Éireannach ann nár choinnigh socair agus a thosaigh feachtas.   Nár laga Dia Bono.

An cleas é nó an bhfuil sé fíor?   Bhí mé ar an mbóthar ó dheas de Kampala, ar mo bhealach go Ruanda, agus stop mé ag an meánchiorcal, atá marcáilte ar an mbóthar.   Tá neart cábán ann do thurasóirí a stopann ar a mbealach ó dheas.   Nabusanke a thugtar ar an spota.   Dúradh liom gurb ionann Nabusanke agus "nithe beaga" nó rudaí fánacha a bhíodh le fáil anseo fadó.   Ach anois tá brabach le déanamh ann as mias agus buicéad uisce.

Ó thuaidh casann an t-uisce leis an gclog, agus ó dheas ina aghaidh.   Tá buachaillí na háite in ann é a chruthú le mias, agus feicfidh tú duilleog nó bláth ag casadh nuair a bhaineann sé a mhéar ó pholl i dtóin na méise.   Déantar an rud ceannann céanna ar an taobh eile agus athraíonn an t-uisce treo.   Ar líne an mheánchiorcail téann an t-uisce síos díreach gan casadh.

Ar fhaitíos nach mbeifeá sách tógtha leis an gcleas sin is féidir glaoch gutháin a dhéanamh ón meánchiorcal nó seal a chaitheamh ag siopadóireacht. Is mar a chéile an stuif sna cábáin seo agus atá ar fáil ar fud an cheantair: ainmhithe, ciseáin, pictiúir agus seoda cuimhneacháin den uile chineál. Níl lucht na siopaí anseo chomh ceanndána ag brú stuif ort is atá siad in áiteanna eile, agus is féidir seal a chaitheamh ann ar do chompord agus cupán d'fhíorchaife Uganda a ól.

Ar an mbealach ó dheas tá neart de bheithígh Ankola le feiceáil. Níl aon amhras ach gur breá na hainmhithe iad. Bíonn na beithígh fhad-adharcacha seo le feiceáil sa gceantar seo agus sa Tansáin agus i Ruanda. Is iondúil go mbíonn dath rua nó meirgeach orthu. Tá cuid acu dubh agus bán, ar nós na mbó in Éirinn. Is iad na hadharca fada is mó a tharraingíonn aird. Tá cloigne fada orthu (i gcomparáid leis an gcolainn), geolbhach fada agus bíonn dronn ar na cinn fhireanna. Tá sé ráite gurbh as teorainn na hEorpa agus na hÁise a tháinig siad an chéad lá riamh, agus cúig chéad bliain ó shin gur tugadh go dtí ceantar seo na hAfraice iad mar go raibh siad in ann maireachtáil ar bheagán uisce agus nach raibh goile mór acu. Bhogadar ó dheas freisin mar gheall ar an tseitse, an mhioltóg ghéar a dhéanann scrios ar ainmhithe ó thuaidh. In imeacht na mblianta tháinig claochlú ar stádas na mbeithíoch óna ról mar chuid de gheilleagar na tuaithe go ról i gcultúr na ndaoine ar go leor bealaí.

Deirtear sa taobh seo tíre go raibh an domhan fadó roinnte idir lucht beithíoch agus lucht curaíochta. Bhí cuid den dream a raibh beithígh acu teann as a mbólacht (mar bhean an dáin fadó!). Ba iad a rialaigh an domhan. Ní raibh an oiread acu ann, ach ó tharla go raibh saibhreas acu bhíodar níos láidre (go fisiciúil) ná iad siúd a bhí ag obair sna garranta: bhí níos mó maitheasa sa bpunt feola ná mar a bhí sa bpunt fataí, mar a ceapadh ag an am. Go hiondúil, mheascadar fuil na mbeithíoch le bainne, seachas an fheoil féin a ithe. Ba ríthe agus lucht rachmais iad, agus le teann drochmheasa shíleadar nach raibh aon mhaith le haon tslí bheatha eile seachas comhluadar na mbeithíoch. Choinníodar greim ar an gcumhacht. As an saol seo a fáisceadh na scéalta, na miotais, agus corrachrann agus cogadh. Tá macasamhail an chultúir sin beo i gcónaí sa gcuid seo den Afraic. Mar sin féin, sa lá atá inniu ann níl an deighilt idir fear na mbeithíoch agus fear an gharraí chomh daingean is a bhíodh.

Tá ceangal miotasach acu leis na beithígh freisin. Agus ní hamháin go bhfuil cion acu orthu ó thaobh luach airgid de, ach tá meas acu ar phearsantacht na mbeithíoch a théann i bhfad níos faide ná peataireacht. Tá siad bródúil as na hadharca agus tá siad an-tógtha leis an dath donn a bhíonn orthu, an *bihogo*. Ar nós na nEiscimeach agus cineálacha sneachta, tá stór ollmhór focal acu – tuairim is tríocha – ar na dathanna éagsúla atá ar chraiceann na mbó agus cruth na n-adharc.

Tá an lá roinnte i bhfiche cuid, ó éirí na gréine go dul faoi san oíche. Caitheann na haoirí bó seo an lá ar fad ag fosaíocht na mbeithíoch nó á n-aistriú ó áit amháin go háit eile, ag brath ar an aimsir agus ar na séasúir. Bíonn siad cúramach gan an iomarca uisce a thabhairt do na beithígh mar gur féidir leo maireachtáil ar fhíorbheagán agus go mbeidís tinn dá mbainfí as a gcleachtadh iad. Bíonn a fhios acu cá bhfásann an féar milis agus bíonn a fhios acu an áit is fearr le bheith i lár an lae, mar a mbeidh foscadh ón ngrian.

Tá beithígh na hEorpa fairsing san Afraic anois; tugann siad i bhfad níos mó bainne agus bíonn níos mó feola orthu. Shílfeá go bhfuil tú sa mbaile uaireanta agus chuile chineál pór eallaigh á iompórtáil, cuid acu ag an gcumann carthanachta Bóthar. Ach tá spiorad bheithígh Ankola le sonrú i ngnúis an dreama a bhíonn ag plé leo. Cén áit eile ar domhan ar féidir comparáid a dhéanamh idir dath shúile mná óige agus dath shúile na bó is ansa leat agus gan aon mhasla a bheith i gceist!

Ar an teorainn idir Uganda agus Ruanda tá an difríocht idir an dá thír le sonrú ar an bpointe boise. Ní bhreathnaíonn sé go bhfuil lucht custaim, lucht pasanna ná feidhmeannaigh Ruanda chomh cairdiúil leo siúd ar an taobh eile den teorainn.

Seasca dollar atá ar víosa iontrála Ruandach. Ní gá d'Éireannaigh tada a íoc le cuairt a thabhairt ar Uganda mar gheall ar an gcúnamh a thugann muid don tír. Bhí fear cuardaigh na málaí sách borb freisin nuair a tháinig sé ar mhála plaisteach i mo chás. "Tá siad sin in aghaidh an dlí i Ruanda," a deir sé. Ach mhaith sé mo pheaca dom, ag rá, "Ná fág i do dhiaidh an mála ar do bhealach abhaile." Sea, d'fhoghlaim siad ceacht uainn ach chuadar níos faide ná muide agus chuireadar cosc iomlán ar na málaí. Tar éis an chuardaigh agus na stampála ba ghearr go raibh muid ar an mbóthar arís – an taobh eile den bhóthar, ba cheart dom a rá. Anois, bhí mé i dtír Frainciseora agus bhí na comharthaí bóthair i dtrí theanga: Kinyarwanda, Fraincis agus Béarla.

Ní raibh sé i gceist agam dul go Ruanda ach dúradh liom go raibh dul amú mór orm faoi fhoinse na Níle agus nach raibh sa gcaint seo uilig faoi Speke agus Henning ach raiméis agus go raibh fíorfhoinse na Níle i bhfad ó dheas de Jinja agus Loch Victoria. Fíor nó bréagach b'fhiú an áit a fheiceáil. Agus b'fhiú Ruanda a fheiceáil arís tar éis ár 1994.

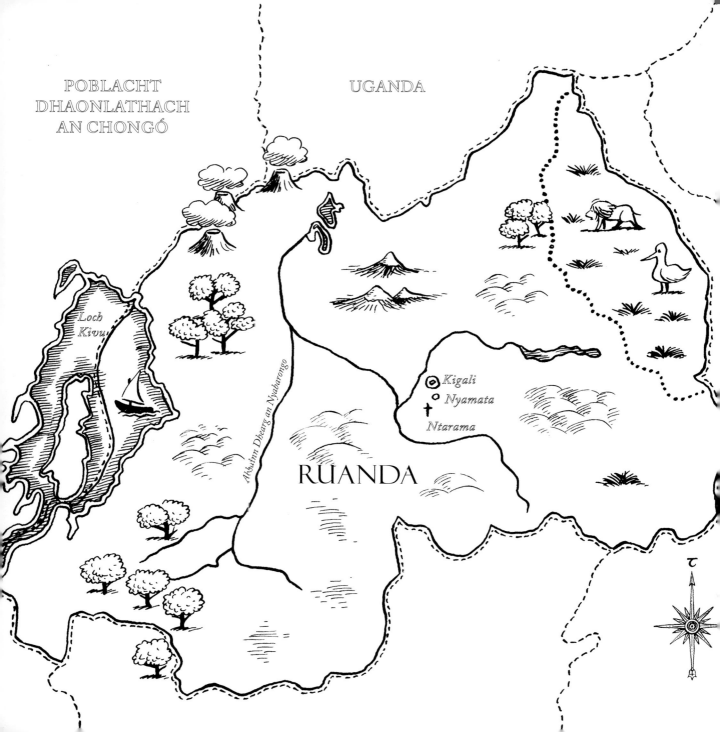

POBLACHT
DHAONLATHACH
AN CHONGÓ

UGANDA

*Loch
Kivu*

Abhainn Dhearg an Nyabarongo

RUANDA

Kigali
Nyamata
Ntarama

6. Gleann na nDeor – Ruanda

Bhí athrú suntasach tagtha ar an timpeallacht ar an mbóthar ó dheas: cnoic, gleannta, aibhneacha agus lochanna in áit thalamh réidh Uganda. Bhí na bóithre níos fearr agus bhí an chosúlacht air go raibh chuile phaiste den tír curtha, ó na gleannta go barra na gcnoc agus iad ar nós pluide glaise. Tugtar *Pays des Milles Collines* (tír na mílte cnoc) ar Ruanda sa bhFraincis agus is cinnte, ó mo chéad radharc ar an tír, go bhfuil na mílte acu ann agus sin in aon léargas amháin.

Ba é an Gearmánach Richard Kandt a ghlac seilbh ar an tír thar ceann na Gearmáine sa mbliain 1908 le linn Sciobadh na hAfraice. Bhí Kandt ar thóir fhoinse na Níle agus thosaigh sé ag déanamh a bhealaigh ón gcósta in 1894, le 150 iompróir. Ní raibh mórán eolais ag Eorpaigh faoi Ruanda an t-am sin. Ba thír mhistéireach í, scartha ó oirthear na hAfraice, na céadta míle ón gcósta. Ní raibh aon rian den chultúr Swahili ann, ná scéin fuadach sclábhaithe ann ach an oiread. Fear léannta a bhí in Kandt: chomh maith le bheith ina dhochtúir leighis b'fhile é agus bhí suim faoi leith aige sa dúlra.

Is ag bun Chnoc Kigali, i lár na tíre, a lonnaigh sé agus is ann a d'fhan sé mar ghobharnóir ar an tír. Is cosúil gur fear maith a bhí ann agus go raibh suim faoi leith aige i gcúrsaí talmhaíochta. Phioc sé caife mar arbhar airgid agus is é a chuir "an fata Éireannach" in aithne do mhuintir Ruanda. Tugtar "an fata Éireannach" ar na fataí go dtí an lá atá inniu ann ach is cosúil nach dtuigeann mórán an ceangal idir an tír seo againn féin agus an fata céanna. Is é an *yam*, an fata milis, fata na háite ach ag fleá nó féasta róstann siad neart Kerr's Pinks agus Roosters (nó fataí cosúil leo).

Sa mbliain 1918 d'fhág Kandt Ruanda le liostáil in arm a thíre dúchais. Bhásaigh sé an bhliain chéanna de bharr plúchadh gáis. Nuair a roinneadh coilíneachtaí na Gearmáine ar na tíortha buacacha, tugadh Ruanda don Bheilg. Ba leis na Beilgigh an Congó, atá buailte ar Ruanda, agus is dá bharr sin a bhronn Léig na Náisiún an tír orthu. Rialaigh na Gearmánaigh an tír le fórsa an-bheag agus le beannacht Rí Ruanda, agus bhí an-chion orthu. In Kinyarwanda, teanga Ruanda, is ionann *schule* agus scoil, an focal céanna sa nGearmáinis. Sin a bhfuil fanta de ré na nGearmánach.

Murar fhág na Gearmánaigh ach focal d'fhág ré na Beilge anró, fuath agus easaontas ina diaidh. Tar éis an Dara Cogadh Domhanda d'fhágadar an tír faoi na Tutsi, mianach an Rí agus dream na mbeithíoch fadó. Rinne na Beilgigh an deighilt idir cosmhuintir na tíre (na Hutu) agus na Tutsi a dhaingniú le cártaí aitheantais agus chuile chineál rialacha. Chothaíodar treibheachas bunaithe ar éad agus ar sheanscéalta nach raibh brí ná réasún leo. Ansin d'athraíodar port agus thacaíodar le réabhlóid na Hutu go gairid tar éis an neamhspleáchais. Cé go raibh an tír neamhspleách, bhí an Bheilg ag tacú leis an rialtas ar mhaithe leo féin.

Ó shin amach rinneadh géarleanúint ar na Tutsi. Ní raibh iontu ach

10% den daonra, agus mar sin bheadh an céatadán céanna ar na rollaí sna meánscoileanna. Cuireadh an riail seo i bhfeidhm freisin nuair a bhí postanna sa gcóras stáit á roinnt. Bhí cuid den deighilt seo uilig bunaithe ar eolaíocht fhabhtach a thug le fios gur strainséirí a bhí sna Tutsi ó cheantar abhainn na Níle ó thuaidh uilig. Mhaígh bolscaireacht an stáit agus na meáin phríobháideacha go raibh siad glic, teann, santach, agus go ndéanfaidís sclábhaithe arís de na Hutu dá bhfaighidís an deis.

Cé go raibh pósadh idir Hutu agus Tutsi ceadaithe, bhí rialacha daingne á gcur i bhfeidhm ó thaobh cártaí aitheantais de (rud a chuideodh leis an gcinedhíothú ina dhiaidh sin). Sa mbliain 1959 d'fhág na mílte Tutsi Ruanda tar éis ionsaithe a bheith á ndéanamh orthu. Níor cuireadh an dlí orthu siúd a bhí freagrach. Bhí an stát lárnach ann mar gur sheasadar siar agus daoine á marú. Ba i Uganda a chaith na mílte na blianta sin ar deoraíocht. Ina measc bhí muintir Paul Kagame, a bheadh i gceannas fheachtas saoirse na Tutsi agus a bheadh ina Uachtarán ar Ruanda ina dhiaidh sin – agus atá go dtí an lá atá inniu ann.

Choinnigh an Rwandan Patriotic Front, fórsa armtha fuascailte Tutsi, orthu ag déanamh ionsaithe trasteorann. Chaith cuid dá gceannairí seal in arm Uganda, a bhí báúil leo. Ba cheannfort é Paul Kagame i rannóg faisnéise arm Uganda, agus cé nach raibh fórsa mór ag an RPF, bhíodar ábalta. Bhí fórsaí na Beilge agus arm na Fraince ag cabhrú le rialtas Ruanda mar chuid den chlub *Francophone*. Dhíol an Fhrainc airm leis an rialtas agus thugadar traenáil mhíleata dóibh.

Bhí fórsa de chuid na Náisiún Aontaithe i Ruanda ó thús na nóchaidí ar aghaidh agus cainteanna ar siúl in Arusha sa Tansáin. Bhí socrú le cur i bhfeidhm, bunaithe ar roinnt na cumhachta. Ach ar an 7 Aibreán 1994, i ngar d'aerfort Kigali, leag diúracán an t-eitleán ina raibh Uachtarán Ruanda, Juvénal Habyarimana, Hutu, agus é ar a bhealach ón Tansáin. Ba iad an *Interahamwe*, mílíste Hutu, a thosaigh an sléacht. Thosaíodar ag marú leis an *panga* (maiseite) ag ionaid seiceála ar na bóithre, agus le gríosadh ón stáisiún raidió, leathnaigh an marú ó Kigali amach ar fud na tíre. Is ansin a thosaíodar ag cur plean an chinedhíothaithe i bhfeidhm gan trua gan trócaire. Thosaigh mílístí na Hutu agus fórsaí an rialtais ag marú chuile Tutsi agus aon Hutu a bhí fabhrach don socrú i roinnt na cumhachta a d'eagraigh na Náisiúin Aonatithe. Ní raibh fórsa suarach na Náisiún Aontaithe in ann tada a dhéanamh, agus nuair a maraíodh deichniúr de chuid arm na Beilge, bonnchloch an fhórsa, laghdaíodh an fórsa seachas é a neartú.

Taobh istigh de chéad lá bhí idir 800,000 agus milliún duine marbh agus an tír scriosta. I bhfoisceacht sé bliana den Mhílaois bhí cinedhícthú i ré na meán agus i ré na hollchumhachta. Shílfeá go raibh an domhan ag seasamh siar, ina staic, ag breathnú gan tuiscint ar céard a bhí ag tarlú agus gan tuairim acu céard a bhí le déanamh faoi.

Chonaic mé uaim an abhainn, an abhainn dhearg, an Nyabarongo. Sníonn sí ar nós nathair nimhe ar a bealach ó thuaidh. Anseo is ansiúd bhí mná le gasúir ag níochán, ag gabháil fhoinn. Bhí bruach na habhann brataithe le héadach ildaite ag triomú. Bhí mná freisin ag obair sna garranta agus a ngasúir ar a ndroim nó ar scáth na gréine. San abhainn chéanna sin a caitheadh coirp le linn an chinedhíothaithe agus tháinig cuid acu i dtír ar bhruach Loch Victoria, na céadta mílte ó thuaidh. Bhí mé ag breathnú ar fhoinse na Níle, an abhainn dhearg, abhainn na fola.

Tá doras an taibearnacail briste agus braillín an altóra millte. Tá an díon ar nós pláinéadlainne, le gathanna gréine ag soilsiú isteach trí na poill a rinne na piléir agus na gránáidí sa díon, ag cruthú scáilí ar an urlár. Ní léifear aifreann i dteach pobail Nyamata chóiche, sin cinnte. Tá fuil fós ar an ballaí. Titeann an fheoil den chorp agus lobhann sí. Níl fanta ach na cnámha agus blaoscanna cloigne, na mílte acu. Tá siad coinnithe mar fhianaise agus go bhfeicfidh an domhan mór gach ar tharla anseo in Aibréan na bliana 1994.

Bhí muintir an bhaile bródúil as a séipéal agus bhí cruth an ailtire uirthi: leagan amach ré iar-Vatacáin a Dó, an altóir gar don phobal agus formaí ísle i leathchiorcal gar don altóir. Bhí umar baiste taobh leis an altóir agus dealbh den Mhaighdean Mhuire ar an taobh eile. Tógadh an séipéal ar bhruach an bhaile, gar don scoil agus an t-ionad leighis agus bhíodh plandaí ag fás sa ngairdín le hais theach an tsagairt.

Ach anois: Nyamata an bhróin, Nyamata an tsléachta, Nyamata an smáil nach nglanfar le sciúradh, Nyamata na ndeor agus an chrá croí.

Sé chiliméadar déag ó dheas de Kigali, i mbaile beag seo Nyamata, chruinnigh na daoine sa séipéal. Bhíodar cinnte go mbeidís slán sábháilte ann. Bhí sagart geal ann agus bhí an oiread sin sa séipéal nach bhféadfadh duine a chosa a shíneadh amach. Ach má bhíodar slán féin, ní raibh greim le n-ithe acu. Bhí ráfla ag gabháil thart go raibh an sagart le bia a sholáthar dóibh, agus nuair nár chuir sé tada ar fáil, thosaigh siad ag baint chasabhach ó gharraí an tsagairt agus á n-ithe amh, gan bhruith. Cheannaigh cuid acu bia ón *Interahamwe* cé go raibh an séipéal faoi léigear acu.

Ar an gceathrú lá den léigear tháinig an sagart isteach agus d'iarr sé orthu liosta a dhéanamh de chuile dhuine a bhí faoi dhídean sa séipéal. "Marófar chuile dhuine agaibh mar atá déanta sna séipéil eile," a dúirt sé. Roinn sé rís agus pónairí orthu. Bhí a gcuid beithíoch ag cuid de na dídeanaithe, agus le teann ocrais thosaíodar á marú i gclós an tséipéil. Chuir sé sin fearg ar an *Interahamwe* agus ar na saighdiúirí agus mharaigh siad scór daoine le teann feirge.

Ar an seachtú lá d'imigh an sagart geal ina charr, agus ag a haon déag an mhaidin dár gcionn, caitheadh rud éigean le doras an tséipéil. Tháinig deatach gránna as agus bhí chuile dhuine ag casacht agus deora lena gcuid súl. Is cosúil gur gránáid a bhí ann; tá rian na pléisce ann fós. Bhris fir óga suíocháin len iad féin a chosaint. Sheasadar an fód ar feadh scaithimh ach le cith piléar thiteadar. Ba iad na saighdiúirí a bhí chun tosaigh san ionsaí agus lean an *Interahamwe* iad. Ní raibh siad á marú le piléar; thosaigh siad ag gabháil orthu le maiseití agus leis an *masu* (maide le tairní ann). Leanadar leo ag marú. Ba ghearr go raibh an séipéal ina thost.

Níor maraíodh chuile dhuine sa séipéal, áfach; an dream a tháing slán d'fhanadar ciúin, ag ligint orthu gur marbh a bhíodar. Ina measc bhí Philipo Kayitare, aoire ocht mbliana déag d'aois. Thit na mairbh ina mhullach. Bhí sé clúdaithe le fuil. Ach ní raibh sé as an tsáinn fós mar thosaigh duine de na *Interahamwe* ag cuardach na gcorpán. Chas sé Philipo thart. Bhuail sé é sna cosa agus sa gcloigeann lena mhaiseite ach d'fhan Philipo socair, mar a bheadh sé marbh. D'fhan sé mar sin go titim na hoíche. Más míorúilt a bhí ann níor mhair a chuid lúcháire i bhfad. Tháinig sé ar chorp a athar agus a mháthar. Fágadh é féin agus a dheirfiúr ina ndílleachtaí le scéal Nyamata a inseacht.

Ní fios go baileach cé mhéad a maraíodh i Nyamata ach is cinnte go raibh níos mó ná dhá mhíle go leith ann.

Gar do Nyamata, tá baile Ntarama, sa bparóiste céanna, agus

rinneadh an rud céanna ann. Ar fud na tíre chruinnigh daoine sna séipéil, láithreacha tearmainn na staire. Ach ní bhfuaireadar aon fhaoiseamh ón ngráin, ón bhfaitíos ná ó bharbarthacht na Hutu, nach raibh sásta glacadh le córas a bheadh cóir. Ar nós chinedhíothú na Naitsíoch, ba é an rialtas a d'eagraigh agus a ghríosaigh na coirpigh.

Bhí mo chroí dubh ag fágáil theach pobail Nyamata. Tá boladh buí an bháis fós i mo chuimhne. Ach chuala mé uaim gasúir ag spraoi i gclós na scoile, glúin nua an dóchais, an ghlúin a ghlanfaidh strus iarthrámach ón náisiún agus a ardóidh a gcroí.

Ar scáth crainn dheilgnigh bhí muintir an bhaile bailithe do lá na cúirte. Ní gnáthchás a bhí á éisteacht ach cás faoin gcóras *Gacaca*, an córas faoi leith a éisteann le coireanna an chinedhíothaithe. Tá *Gacaca* bunaithe ar sheanchóras dlí thraidisiúnta a théann i bhfad siar. Bhíodar ann le haighnis chlainne nó gangaid idir ceantar amháin agus ceantar eile a shocrú. Is ionann *Gacaca* agus féar gearr nó plásóg, agus is ann a chruinníodh na daoine fadó. Cheaptaí *Inyangamugayo*, seanóir, leis an gcás a éisteacht. Piocadh seanóirí faoi leith mar ba ghráin leo an t-olc agus thugaidís éisteacht chóir do chuile dhuine. Ní raibh aon chaint ar dhlíodóirí ná a leithéid agus ghlacadh muintir an bhaile páirt sa gcás ag taobhú nó ag cáineadh nuair ba ghá. Ghlactaí go coitianta le breith an *Inyangamugayo*. Cuireadh deireadh le *Gacaca* ar theacht na mBeilgeach go Ruanda.

Ní raibh ar chumas gnáthchóras dlí Ruanda déileáil le cúisithe an chinedhíothaithe. Bhí 100,000 duine sna príosúin gan seans dá laghad go dtógfaí cás ina n-aghaidh. Bhí córas ann leis na ceannairí a chur ar a dtriail, agus daoradh neart acu. D'éist na cúirteanna *Gacaca* le coireanna ar nós dúnmharuithe, éignithe, dó mailíseach nó loscadh, nó ionsaithe. Tá an *Gacaca* ann le hathmhuintearas a chothú agus le teacht ar an bhfírinne.

Sheas an cúisí os comhair a mhuintire féin agus é feistithe i léine agus treabhsar bándearg na bpríosúnach. Cé a cheapfadh, le breathnú air, go raibh sé ina measc siúd a d'ionsaigh teach pobail Nyamata agus a mharaigh le *masu* nó le maiseite. Phléadail sé ciontach agus d'fhógair sé go poiblí go raibh maithiúnas uaidh. D'inis Philipo a scéal féin freisin.

Níor sheas mé ann i bhfad. Bhí aird an phobail orm agus bhraith mé go raibh mé ag cur mo ladair isteach i rud nár bhain liom, fiú is mé i mo sheasamh ansin. Níl a fhios agam céard a tharla dó ach is iondúil go scaoiltear amach a bhformhór agus blianta fada caite acu i bpríosún. Is féidir achomharc a dhéanamh in aghaidh bhreith na cúirte, agus éistear an t-achomharc sna gnáthchúirteanna.

Ar fud Ruanda tá an próiseas céanna ag leanacht ar aghaidh, ag iarraidh tír atá buailte go dona le bochtanas a athchruthú. Fós féin tá daoine scanraithe go dtarlóidh anachain 1994 arís. Tá olc ar mhuintir Ruanda fós go raibh muide, an chuid eile den domhan, balbh le mailís agus gur chuir muid an milleán ar bharbarthacht threibheanna an chine ghoirm. Bhí sé chomh simplí sin: an íomhá chéanna a cruthaíodh i ré an choilíneachais.

Fiche ciliméadar ó thuaidh de Kigali, tá ceantar Mugumbazi. Dúirt Agustine, mo threoraí, liom gurbh fhiú an áit a fheiceáil, le radharcanna breátha agus bóthar ann go barr an tsléibhe.

D'fhág muid an bóthar tarra agus ba ghearr go raibh muid ar an mbóthar *murram*, mar a thugtar go háitiúil air. Gairbhéal dearg é an *murram* agus é ar nós na gcineálacha bóithre a bhíodh fairsing in iarthar

Cairde Maasai.

Laoch Ma

Moran Maasai.

Rian coise.

Trúpa eilifintí sa Maasai Mara.

Ar an Meánchiorcal.

Shábháil Bono mé.

Bean le tua, Uganda.

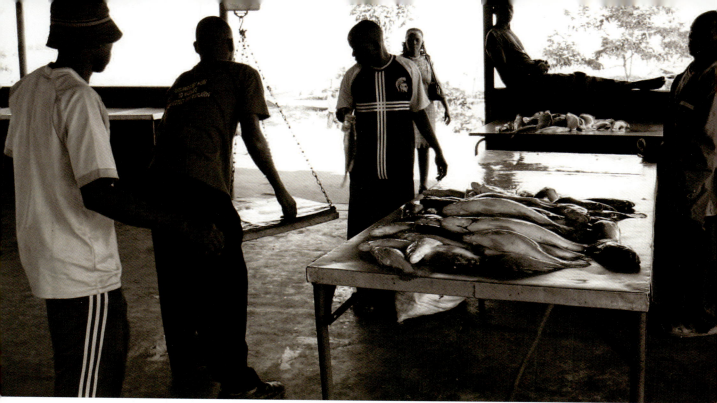

Margadh – Loch Victoria.

Fógra,
Uganda.

Damhsa na Laoch, Ruanda.

*Gasúir scoile,
Ruanda.*

*Buachaillí Bó,
Ruanda.*

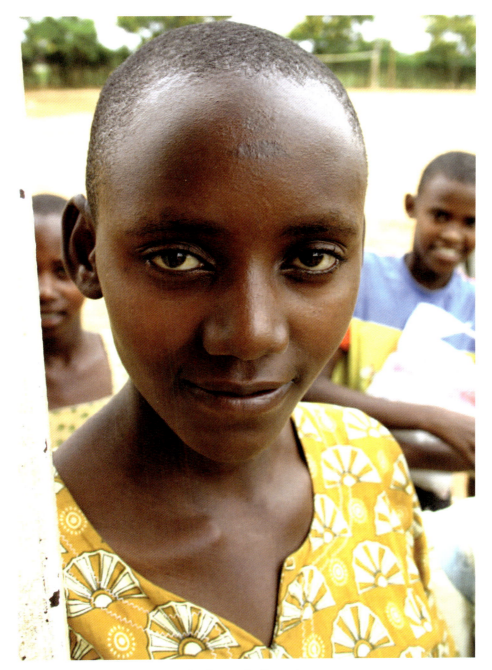

Cailín scoile, Ruanda.

Mamó, El Molo.

Rac-cheol, El Molo.

Rafta ar an talamh, Loch Turkana.

Mná, El Molo.

Clann, El Molo.

Eas Nyahururu.

Spraoi béal dorais, El Molo.

na hÉireann dhá scór bliain ó shin. Bhí an bóthar maith go leor mura mbeadh carr eile ag teacht i d'aghaidh. Dá mbeadh bheifeá clúdaithe le dusta dearg, rud nár tharla rómhinic áfach. Ba dheas an t-aer folláin ar bharr an tsléibhe agus fuinneoga an *jeep* oscailte.

Is é an rothar an t-aon mhodh taistil a bhíonn ag formhór mhuintir na háite seo, agus as adhmad atá cuid acu déanta, ar nós rothair na Flintstones fadó. Chonaic muid neart acu ar an mbealach go margadh Kigali le hualach glasraí. Bíonn rothar iarainn ag an té atá go maith as – na fir amháin – agus iad ina suí ar an diallait agus a ndroim chomh díreach le slat. Tá tacsaithe rothair acu freisin, an *boda boda*, leathcheann iad siúd a chonaic mé i Uganda.

Ní raibh ar an mbóthar go moch an mhaidin sin ach mná agus gasúir, mná le hualach ar a gcloigeann, le páiste ar a ndroim agus buachaillí agus cailíní óga lena dtaobh. Tá cáil ar mhná an cheantair seo, iad ard le dínit iontach ina ngnúis. Chonaic siad an fheithicil ag teacht agus bhog go himeall an bhóthair, iad fós ag breathnú díreach ar aghaidh. Níor bhog an *jerrycan* uisce ná na maidí ceangailte a bhí á n-iompar acu. "*Muzungu! Muzungu! Bic! Bic!*" a bhí na gasúir a bhéiceach. Ag iarraidh *biro* ón duine geal a bhí siad!

Thíos fúinn bhí na gleannta agus na lochanna, le dath álainn glas tar éis bháisteach na hoíche. Bhí corrtheach ar thaobh an bhóthair agus cuid eile sna gleannta agus na garranta ar nós pluideanna ildaite gar do na tithe. *Shamba* a thugtar ar na gairdíní seo, glasraí den uile chineál curtha iontu: fataí, oinniúin, piobair ghlasa, scailliúin agus cloigne cabáiste réidh le baint. Anseo is ansiúd bhí crainnte arda ar nós crainnte iúir ag tabhairt foscaidh do na sceacha tae agus caife. Anois is arís bhí fir agus mná le feiceáil cromtha sna garranta. Chrochadar a gcloigeann ar feadh dhá mheandar le breathnú ar an *jeep*. "Meas tú cé hiad?" b'fhéidir. Chroith an fear a chloigeann agus chromadar beirt arís.

Tá tithe an cheantair seo ciorclach, le díon tuí agus na ballaí déanta de phuiteach ar fhráma maidí. Tá corrtheach nua-aoiseach ann le díon iarainn, nó *iron sheeting* mar a thugann siad féin air. Mhínigh Augustine dom gur leis na múinteoirí scoile nó daoine saibhre atá ag obair don stát a bhformhór. Bhí an-suim aige sna tithe a bhí againne san Eoraip. Phléasc sé amach ag gáire nuair a d'inis mé dó go raibh leithreas i chuile theach. "Cén chaoi," a dúirt sé, "a bhféadfadh duine a threabhsar a tharraingt anuas istigh ina theach féin?" Gar do chuile theach anseo faoin tuath tá *privy*. Ar ndóigh, níl aon scéimeanna uisce ná séarachais acu, agus bíonn na mná fós ag tarraingt uisce ón tobar nó ón b*pump*.

Is ceantar agus baile beag é Mugumbazi. Roinn na Beilgigh an tír ina chodanna, an *prefecture* nó an cúige. Faoi sin tá na ceantair, agus faoi sin arís tá *cells*. Bhí an tír rialaithe ag líon an-bheag den chine geal ar mhaithe leis na Beilgigh agus choinníodar srian daingean ar mhuintir na háite ó bharr go bun tríd an gcóras rialtais.

Thug muid cuairt chuirtéise ar mhéara an bhaile, mar is gnáth. Bhí a oifig ar bhruach an bhaile, gar do theach an phobail, an bhunscoil, an t-ionad leighis agus tithe na bpóilíní. Tá ré an choilíneachais fós le sonrú i leagan amach an bhaile: crainnte le foscadh ón ngrian ar chaon taobh an bhóthair agus siopaí beaga gar do mhargadh an bhaile.

Chuir Claude an-fháilte romham i bhFraincis agus i mBéarla. Bhí seanaithne aige ar Augustine. Chaitheadar beirt seal in arm Uganda agus sa Rwandan Patriotic Front sna hochtóidí. D'fhág a mhuintir Ruanda i ndeireadh na gcaogaidí. Is i Uganda a rugadh an bheirt acu. Bhí Claude ina chaptaen airm, agus ar fhilleadh abhaile dó tar éis an chindhíothaithe agus an chogaidh, ceapadh é ina mhéara ar bhaile a mhuintire. Mar theifigh i Uganda, choinníodar a gcultúr agus a dteanga beo, ag súil le filleadh abhaile lá éigin. Mhair an comhrá eadrainn leathuair an chloig, seal ag caint ar Ruanda agus seal ag caint ar Éirinn.

Bhí suim faoi leith aige i bpróiseas na síochána sa mbaile. Bhí ceangal míleata eadrainn ar ndóigh agus an bheirt againn ar pinsean.

D'ól muid tae agus shiúil muid an baile, agus ansin thug muid cuairt ar a theach (*iron sheeting* deile). Shuigh muid faoin bpóirse ag breathnú uainn. Shílfea go raibh tú sna flaithis agus an domhan mór fúinn. Thaispeáin sé dúinn na bailte uilig agus Loch Muhazi sa ngleann. "Tá uaigneas san áilleacht," a dúirt sé. Mheabhraigh sé dom gur maraíodh na mílte ina cheantar féin le linn céad lá an chinedhíothaithe. Scriosadar tithe, scoileanna agus na hionaid leighis. Le cabhair ón iasacht tá na foirgimh atógtha ach níl sé éasca athmhuintearas a chothú thar thréimhse ghearr. B'fhéidir go dtógfaidh sé glúnta.

"Tá mé le pósadh an Aoine seo chugainn, meas tú an dtiocfá?" "Cinnte," a d'fhreagair mé. D'ardaigh sé sin a chroí.

Ní aithneofá an áit lá na bainise. Bhí bratacha ildaite ar na crainnte agus ar na tithe ón gcrosbhóthar go lár an bhaile. Cé as a dtáinig na daoine? Bhí na mílte ar chaon taobh an bhóthair ina gcuid éadaigh Domhnaigh agus iad ag déanamh ar an bplásóg os comhair oifig Chlaude, áit a raibh scáthbhrat crochta le foscadh ón ngrian a thabhairt d'aíonna na bainise.

Shuigh muid agus cuireadh gaolta Chlaude in aithne dom. Ní raibh aon Bhéarla acu ach thuig mé ó Augustine go raibh áthas orthu gur tháinig mé, mar a gheall mé. Dúirt fear amháin liom nach bhfeictear mórán *muzungu* sna bealaí seo. Sea! Ba mé an t-aon duine geal a bhí ann agus bhí chuile dhuine ag breathnú go géar orm agus ag siosarnach fúm, gan aon mhailís ach le teann fiosrachta.

Chonaic muid uainn iad, seacht gcinn de bheithígh agus leaid óg á seoladh, beithígh Ankola le hadharca fada. Ag siúl ina ndiaidh bhí an bhrídeog agus a cuid gaolta. Mhínigh Augustine dom go mbeadh searmanas na spré ann i dtosach. Thosaigh an screadach agus an bhéiceach nuair a facthas iad, gártha molta agus drumaí á mbualadh. Scar na daoine len iad a ligean i ngar do bhosca na "hardchomhairle", áit an phuint. Ní fhaca tú riamh a leithéid de stíl agus d'fhaisean: an bhrídeog i ngúna bán agus a hathair lena taobh.

Chuir Claude fáilte rompu agus scrúdaigh sé na beithígh go géar, mar dhea. Is cosúil gur dhúirt sé go raibh chuile shórt i gceart agus i gcóir, agus thosaigh an bhéiceach arís. Amach as an slua d'éirigh fear feistithe in éide breithimh agus tugadh an bhrídeog ar láimh do Chlaude. Níor mhair an searmanas sibhialta i bhfad agus ba ghearr go raibh muid ar ár mbealach chuig teach an phobail, áit a mbeadh an searmanas eaglasta.

Bhí clog an tséipéil á bhualadh agus chuala muid uainn an cór: iomainn le tionlacan drumaí. Bhí faoiseamh againn ó theas na gréine sa séipéal breá fairsing agus é cineál dorcha ann go dtáinig mé i dtaithí air. Ba ionann deasghnáth an phósta agus an ceann a bhíonn sa mbaile ach lena dhá oiread ceoil agus é níos faide. Ba bhreá iad na hiomainn gan tionlacan agus ba bhreá freisin an chaoi ar fhreagair an pobal na paidreacha. Shílfeá go raibh an caidreamh idir pobal agus sagart níos láidre le beocht agus brí ná mar a bhíonn sa mbaile.

B'fhear óg é an sagart, de bhunadh na háite. Ní raibh aon deifir air leis an seanmóir agus é ag siúl suas agus síos pasáiste an tséipéil. D'fhreagair sé aon cheist a cuireadh air. Thug an pobal corrbhualadh bos dó. Ar ndóigh ba sa teanga Kinyarwanda a bhí an searmanas.

Chruinnigh muid arís ag cearnóg an bhaile don bhainis. Bhí cathaoireacha leagtha amach i gcearnóg oscailte agus ina lár bhí pota mór millteach agus dhá shop bambú as. Bhí beoir á roinnt, buidéal mór Primus do chuile dhuine.

Chuir fear an tí fáilte roimh na haíonna, chuile dhuine ainmnithe, mé féin ina measc. Thugadar bualadh bos mór dom agus sheas mé nuair a glaodh amach m'ainm, mar a rinneadh romham. Ba ghearr gur thosaigh an damhsa. Ón slua tháinig an compántas damhsóirí, buachaillí agus cailíní an bhaile, deichniúr uilig. Bhí siad feistithe in éide thraidisiúnta Ruanda le gruaig bhréige agus cloigíní ar a gcosa. An *Intore* a thugtar ar an damhsa agus é bunaithe ar bhéaloideas na háite. Is é fuadach beithíoch croílár an scéil, agus is le caint, amhráin agus bualadh drumaí a insítear an scéal.

Bhí chuile dhuine faoi dhraíocht acu, go mórmhór ag an stócach a ritheadh isteach ó am go ham lena chuid laochra. Thugadh sé óráid ghaisciúil ag gríosadh a threibhe. Bhíodar buach faoi dheireadh agus an t-allas ag rith díobh.

Ar phlátaí cuireadh amach mairteoil, fataí rósta agus cálslá. Bhí an dá chineál fhata acu: an fata milis agus an fata Éireannach. Tá meas freisin acu ar mhaonáis, nós na Beilge, b'fhéidir.

Ba iad an lánúin a d'ól as an bpota ar dtús agus ansin chuile bheirt le chéile. Glaodh orm féin agus Augustine agus suas linn agus chuile dhuine ag stánadh orainn, nó ormsa ba cheart a rá. D'ól mé braon as. Bhí blas cineál searbh ar an mbeoir *sorghum,* a dhéantar go háitiúil, ach ní raibh sé ródhona. Phléasc siad amach ag gáire, chuile dhuine acu agus thugadar bualadh bos mór dom. Ní hé chuile fear geal a d'ólfadh é, a dúirt Augustine.

Bhí sé ina ardtráthnóna nuair a d'fhág mé slán ag pobal Mugumbazi, buíoch den chuireadh agus den deis a tugadh dom blaiseadh beag a fháil de chultúr ársa Ruanda. Bhí mé buíoch freisin go bhfaca mé daoine a bhí in ann faoiseamh a fháil ó thromluí an mharaithe agus an scriosta.

Níl mórán cosúlachta idir Kigali agus cathracha eile oirthear agus lár na hAfraice. Cinnte tá Kigali níos glaine agus níos sábháilte, ach tá easpa beochta, spraoi, ceoil agus craic ann. Thuigfeá é sin tar éis ar tharla sa tír ach dúradh liom go raibh muintir Ruanda riamh séimh agus inbhreathnaitheach agus go raibh siad riamh géilliúil mar shaoránaigh. Deirtear gur dream iontu féin iad gan aon cheangal lena gcomharsana. Ach is deacair breithiúnas a thabhairt ar dhaoine tar éis gach ar fhulaing siad le gairid.

Tá geataí ionad ealaíon agus cultúir na Fraince faoi ghlas, agus tá Ambasáid na Fraince tréigthe. Is i mBéarla atá na fógraí agus níl Fraincis ag cuid mhaith d'airí na tíre. Níl raidió na Fraince le cloisteáil níos mó. Tá iarratas ar bhallraíocht i gComhlathas na Breataine ar na bacáin. Níl Ruanda i "gclann" na Fraince a thuilleadh.

Tá stair an chinedhíothaithe agus ról na Fraince ina chnámh spairne ó d'eisigh breitheamh Francach ráiteas a chuir an milleán ar Paul Kagame, Uachtarán Ruanda, agus ar a chomhghleacaithe. Dúirt an breitheamh gurbh iadsan a bhí freagrach as scairdeitleán an Uachtaráin Habyarimana a leagan, an eachtra a chuir tús leis an gcinedhíothú.

Ní ghlacann muintir Ruanda leis an léamh sin ar an scéal ná ní ghlacann cuid mhaith staraithe neamhspleácha leis ach an oiread. Chuir rialtas Ruanda coimisiún ar bun leis an gcás a scrúdú. Dar leo, bhí ról lárnach ag an bhFrainc i stair fhuilteach na tíre, iad ag tacú le, agus ag cosaint, rialtas Ruanda. Bhí an Fhrainc in aghaidh chultúr agus thionchar na nAngla-Shacsanach, rud fíorthábhachtach don Fhrainc ó chaill siad a gcuid coilíneachtaí féin. Ní raibh mórán Fraincise ag na

Tutsi agus bhí Kagame cairdiúil leis an mBreatain ón tréimhse a chaith sé i Uganda. Tá neart teoiricí comhcheilge i Ruanda, sin cinnte.

Ach tá rudaí áirithe cruthaithe: ó thús an chinedhíothaithe, thacaigh Páras le rialtas na Hutu. Thugadar airm chomh fada le Kigali agus chuireadar fórsa, an Force Turquoise, chuig an tír a thug deis do thuilleadh maraithe. Ba iad na Francaigh a thraenáil Garda an Uachtaráin, fórsa a ghlac páirt lárnach sa gcinedhíothú. Roimh an gcinedhíothú bhí fórsaí na Fraince i Ruanda ag cabhrú leis an rialtas agus ag cur comhairle slándála ar fáil do na Hutu.

Deirtear go gcuireann an Fhrainc bacanna ar dhul chun cinn Ruanda nuair is féidir leo agus gur chuir an Fhrainc in aghaidh chláracha forbartha Bhanc an Domhain agus an Chiste Airgeadaíochta Idirnáisiúnta. Deirtear freisin go gcuireann sí brú ar thíortha eile tacú leo in aghaidh Ruanda. Is cineál "cogadh fuar" é agus is í an Bhreatain agus Stáit Aontaithe Mheiriceá atá buach.

Ar theorainn Ruanda tá Poblacht Dhaonlathach an Chongó, agus is as a thagann chuile chineál ábhair luachmhair: ór, adhmad, copar, úráiniam agus *coltan*, mianra fíorluachmhar a úsáidtear i ngach uile fhón póca agus in earraí leictreonacha na linne seo. Deirtear go bhfuil na hearraí seo á smugláil as an gCongó agus ag baint leasa as easpa slándála na tíre sin. Deirtear freisin go bhfuil ardaicme Ruanda saibhir dá bharr.

Níl mórán cainte faoi na nithe sin ar shráideanna cnocacha Kigali agus tá greim daingean ag Paul Kagame ar rialtas na tíre. Níl an chosúlacht ann go bhfuil duine ar bith ina aghaidh agus tá dul chun cinn á dhéanamh ar chuile bhealach. Chuir sé deireadh le caimiléireacht agus le breabaireacht, dar le cuid mhaith. Níl foréigean ná coiriúlacht le sonrú ach an oiread, agus tá turasóirí ag filleadh ar an tír le blaiseadh dá cuid áilleachta agus le breathnú ar na goraillí atá fós sa bhfiántas. Ach, tar éis an méid sin uilig, tá Ruanda fós gan amharclann agus gan phictiúrlann agus tá na meáin uilig "neodrach" ar thaobh Kagame.

Cé go bhfuil bialanna den chéad scoth in Kigali (tionchar na Fraince is dóigh), is é an cinedhíothú an t-ábhar cainte nach ndéantar tagairt dó. Cé go bhfuil sé le sonrú chuile áit le cuimhneacháin agus músaeim, agus má chuireann tú ceist, freagrófar thú go múinte; ach thuig mé nach raibh muintir na háite sásta dul rófhada leis an ábhar cainte sin. Thuigfeá dóibh. Dúradh liom go raibh dhá chineál duine ann: iad siúd a tháinig slán as (ach chuile dhuine leo maraithe), agus iad siúd a ghlac páirt sa gcinedhíothú nó a sheas leo siúd a bhí freagrach as. Tá coimpléasc ciontachta ar an gcéad dream mar gur tháinig siad slán; agus airíonn an dream eile ciontach mar gur sheasadar siar nó, níos measa, gur ghlac siad féin páirt sa marú. Ach arís b'fhéidir go bhfuil an léamh sin ag simpliú mothúchán atá níos casta agus níos doimhne.

Ó thráth go chéile cloisfidh tá gasúir ag spraoi ar na sráideanna nó ag imirt peile le liathróid déanta as málaí plaisteacha ceangailte go daingean le líon. Feicfidh tú leanaí óga ag brú rotha déanta as crochadán cotaí, le maide, mar a rinne muid féin fadó. Feicfidh tú freisin buachaillí óga ag baint spraoi as mirliní, ag gáire le bua catha an pháiste. Seo í an ghlúin nua nach bhfaca an mhídhaonnacht ná an marú. Is cuid de stair na tíre an céad lá fuilteach sin. Níl marach friotail an tsean-ré ann níos mó. Cuireadh "an ruaig" ar chiníocha an Hutu agus Tutsi. Díbríodh as an bhfoclóir iad; seachas treibheanna níl ann níos mó ach muintir Ruanda. Nuair a bhíonn strainséirí ag caint baineann siad leas as cód: na focail Bhéarla *hedges* do na Hutu (mar go bhfuil siad íseal mar dhaoine); agus *trees* do na Tutsi (mar go bhfuil siad ard).

Le breacadh an lae tá fuadar faoin gcathair agus na céadta oibrithe ar rothair agus ar mhionbhusanna ag déanamh ar a gcuid oibre. Éiríonn ceo na maidne agus cloistear na gasúir ag spraoi go fonnmhar agus iad déanach don scoil. Feicfidh tú uait na cnoic ghlasa agus an abhainn ag sníomh a bealaigh i dtreo Loch Muhazi. Seo gormghlas na spéire buailte anuas ar dhonndearg glas na talún. As an áilleacht a fáisceadh an brón agus is as an áilleacht chéanna a fháiscfear an grá.

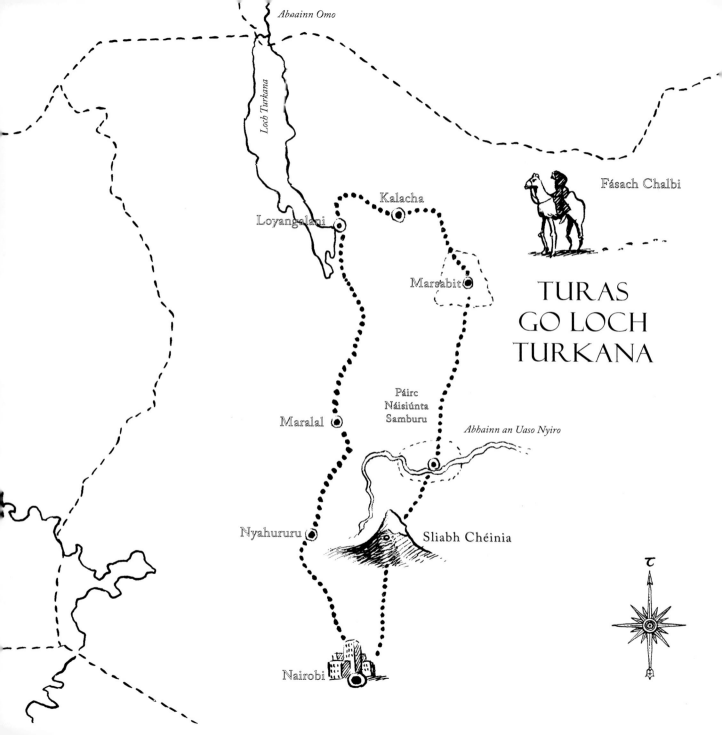

Abhainn Omo

Loch Turkana

Kalacha

Loyangalani

Fásach Chalbi

Marsabit

TURAS
GO LOCH
TURKANA

Páirc
Náisiúnta
Samburu

Abhainn an Uaso Nyiro

Maralal

Nyahururu

Sliabh Chéinia

Nairobi

7. Na Daoine a Mhaireann ar Iasc

Bhí sé ag éirí dorcha nuair a shroich muid an láthair champála, agus tar éis lá fada ag taisteal ní mórán foinn a bhí orainn ár bpubaill a chur suas. Bhí suíomh iontach againn cois abhann, ar scáth na gréine. Le goin ocrais shuigh muid síos leis an mbéile blasta a bhí réitithe ag Joseph, ár gcócaire, a ithe agus aithne cheart a chur ar a chéile.

Ní raibh sé ar intinn agam an turas seo a dhéanamh. Cheap mé nach mbeadh deis agam taisteal go Loch Turkana agus é chomh fada ó thuaidh sin de Nairobi. Bhíodh bus ag dul ann fadó ach bhí achrann sna bealaí sin go dtí deireadh na nóchaidí agus ní raibh aon fhonn ar na comhlachtaí safari dul sa tseans, cé go raibh chuile shórt socair arís. Bhí sé ráite go raibh draíocht ag baint leis an gceantar, an loch agus an dath séad-ghlas a bhí air. Ba é an Cunta Samuel Teleki de Szek an chéad duine geal a tháinig ar an loch in 1888. D'ainmnigh sé é in onóir Phrionsa Rudolf na hOstaire. I 1975 athraíodh an t-ainm go Loch Turkana in onóir na treibhe atá ag cur fúthu sa gceantar.

Ar mo bhealach soir ó Ruanda chas mé le taistealaí eile a d'inis dom go raibh comhlacht darb ainm Gametrackers ag dul ann uair sa tseachtain ó réitíodh an t-aighneas san Aetóip, atá buailte ar Loch Turkana. Rinne mé taighde Idirlín orthu. Bhí dea-chlú orthu agus bhíodar molta ag neart blaganna. Turas ocht lá ag campáil a bhí á thairiscint acu. Dhéanfaí an turas i dtrucail airm faoi thiomáint ceithre roth, dá mba ghá. Agus bheadh, mar nach raibh bóithre tarráilte ann agus go mbeadh muid ag taisteal trí Fhásach Chalbi. Turas 1,800 ciliméadar uilig a bheadh ann.

Chonaic mé na leoraithe *overlander*, mar a thugtar orthu, go minic ar mo chamchuairt. Is iondúil go ndéanann déagóirí an cineál seo safari sa mbliain sin tar éis dóibh críochnú ar scoil ach roimh dul ar ollscoil, leis an mbearna a líonadh agus beagán den domhan a fheiceáil. Gealladh dom san oifig go mbíonn meascán d'aoiseanna ar an turas faoi leith seo agus go dtabharfaí aire dom! $900 a d'íoc mé, chuile rud san áireamh. Ní bheadh tada ag teastáil uaim, cé is moite de mhála codlata, éadaí agus araile. Moladh dúinn dalladh buidéal uisce a chrochadh linn.

Ní raibh mórán muiníne agam as an leoraí Bedford a chonaic mé á lódáil go moch maidin Dé hAoine. Ó mo thaithí mhíleata féin sílim nach bhfuil aon mhaith leo, ach choinnigh mé mo chlab dúnta ar fhaitíos go scanródh mé an chuid eile. Bhí an chosúlacht air go raibh a bhformhór ar bhliain bhearna seachas bean amháin a bhí ag múineadh scoile i Nairobi.

Ach má bhíodar níos óige ná mé ba ghearr go bhfuair mé amach gur dream iontach deas a bheadh liom, agus ní raibh cailleadh ar bith ar an bhfoireann: Sam, an tiománaí, George, ár dtreoraí, agus Joseph, an cócaire – an fear is tábhachtaí ar aon turas den tsaghas seo.

Mar a tharla sé ní raibh ach beirt "bhearnaí" ann: mná óga a bhí ar a mbealach abhaile go Sasana tar éis seal a chaitheamh ag obair go deonach sa Maláiv. Tháinig ceathrar as Learpholl, fear amháin agus triúr ban óg. Bhíodar tar éis cáiliú mar mhúinteoirí agus bhí duine de na mná dul leis an tsagartóireacht Anglacánach. Mhairfeá ag éisteacht leis an mblas *scouse*, agus iad spóirtiúil freisin. I measc an dreama eile bhí beirt Mheiriceánach, beirt ón tSualainn agus bean óg ón Astráil.

Bhí suíocháin chompordacha i gcúl an leoraí, agus faoin am a shroich muid an campa i bpáirc ghéime Samburu, bhí aithne curtha againn ar a chéile agus bhí mé breá sásta leis an gcinneadh a rinne mé. Faoin am a raibh na campaí curtha suas againn agus cith tógtha bhí tine bhreá lasta agus béile réidh le n-ithe.

Chaith muid an mhaidin dár gcionn ag breathnú ar na hainmhithe sa bpáirc. Cé go raibh mé ar safari cheana bhain mé breis pléisiúir as. Bhainfeá pléisiúr freisin as iontas an té nach raibh ar safari riamh. Is iontach go deo an radharc ón leoraí agus é chomh hard, agus sheas muid tamall ag breathnú ar thrúpa eilifintí agus iad ag spraoi i lochán. Chonaic muid leoin bhaineanna lena gcoileáin i bhfoisceacht cúig mhéadar dínn. Ar bhruach abhainn an Uaso Nyiro bhí líne de sheacht gcinn d'oracsanna cromtha ag ól. Is de shliocht an antalóip iad agus is mór an spórt iad ag casadh a gcuid cluas mar a bheadh aeróg *radar*, ar fhaitíos go mbeadh an leon ag iarraidh sneaic!

Is go dtí an abhainn seo a tháinig treibh na Samburu na céadta bliain ó shin. Ar nós na Maasai, is ó bhruach abhainn na Níle a thángadar lena gcuid beithíoch. Is ón bhfocal Maa, a dteanga, a thagann an focal *samburu* agus ciallaíonn sé féileacán. Tá an t-ainm sin an-oiriúnach mar tá siad maisithe le bráisléid de choirníní ildaite agus muincí práis. Caitheann na *murran*, na laochra óga, an ornáidíocht chéanna agus cuimlíonn siad ócar dá gcuid locaí fada gruaige. Is fánaithe iad lena gcuid beithíoch, caorach agus gabhar. Ach is í abhainn an Uaso Nyiro a mbaile spioradálta le féar glas agus fíoruisce. Tógann siad botháin le maidí, puiteach agus bualtrach bó, agus tógann siad sconsa sceiche leis an mbaile beag a choinneáil slán ó ainmhithe fiáine agus gadaithe.

Má ghiorraíonn beirt bóthar, ní aireofá an turas ar chor ar bith i gcuideachta dháreág. Is cuid lárnach den chineál seo turais aithne a chur ar dhaoine éagsúla, agus le grúpa mór ní éireofá tuirseach le malairt scéalta agus taithí. Ba dheacair éirí tuirseach freisin toisc na radharcanna inspéise ón leoraí. Bhí muid ag dul ó thuaidh agus bhí goimh ann. Ar dhá thaobh an bhóthair bhí coillte agus gleannta. Anois agus arís thagadh muid ar bhailte beaga le siopaí ildaite ag díol *nyama choma* (feoil rósta). Rith na díoltóirí le hais an leoraí nuair a chonaic siad muid ag teacht gar don bhaile. Ach ní sheasfadh muid. Bhí muid ag déanamh ar Marsabit, agus de bhrí go bhfuil sé contúirteach tiomáint san oíche choinnigh muid orainn. Bhí corrdhuine ag siúl sa dorchadas agus bheadh sé an-éasca iad a leagan.

Ní hiontas go dtugtar an Sliabh Fuar ar an áit, mar tá sí fuar feannta, míle méadar níos airde ná an ceantar máguaird. Champáil muid sa bpáirc náisiúnta ar bhruach bhaile Marsabit ag tnúth go mór leis na bolcáin mharbha a fheiceáil.

B'fhiú an turas fada leis an radharc ar Gof Sokorta Dika (Loch Parthas) a fheiceáil ó bhéal an chráitéir. Shífeá go raibh tú ag breathnú síos ar an radharc céanna a chonaic ár sinsir na milliúin bliain ó shin nuair a sheasadar den chéad uair agus iad ag faire ar ghreim le n-ithe. Níl tada de dhéantús an chine dhaonna le sonrú san áit seo. Níl le cloisteáil ach ceiliúr na n-éan agus muid ciúin socair in ómós don nádúr as ar fáisceadh muid. Shílfeá go raibh na heilifintí ag súil linn freisin agus an tréad ag déanamh ar an loch le braon a ól go moch an mhaidin sin mar a rinneadar lena gcuimhne.

Tá cáil faoi leith ar eilifintí an cheantair seo agus a gcuid torscaí fada. Fadó bhí eilifint amháin ann le cáil dhomhanda mar gheall ar a chuid torscaí. Baisteadh Ahmed air, a chialaíonn "molta" in Araibis. Bhí meáchan 67 cileagram in chaon ceann acu agus iad siméadrach ar chuile bhealach. Ar ndóigh bhí an-suim ag sealgairí eabhair ann, agus tar éis feachtas poiblí gheall an rialtas go dtabharfaí aire faoi leith dó. Mhair sé cúig bliana le cois an leathchéid, aois mhór d'eilifint. Nuair a cailleadh sé i 1974 tógadh samhail de atá sa Músaem Náisiúnta i Nairobi.

Tá seanchas faoi eilifintí coitianta sa gceantar seo agus deirtear go bhfuil gné bhaineann iontu. Fadó, tar éis di páiste a tabhairt ar an saol, d'fhanadh an bhean agus na páistí ina mbothán ar feadh dhá scór lá agus oíche agus thugtaí neart le n-ithe di, go mórmhór feoil – mairteoil agus caoireoil. Bhí bean ann fadó a d'fhan go foighneach lena fear, ag súil go dtiocfadh sé abhaile le greim le n-ithe di agus goin ocrais uirthi tar éis breithe. "Dúisigh mé nuair a thiocfas d'athair abhaile," a dúirt sí leis na gasúir. Agus rinneadar amhlaidh. Chonaic siad an t-athair ag teacht. "Cén sórt feola atá aige?" a d'iarr sí. "Caoireoil," a d'fhreagair an mac ba shine. Bhí an mháthair oibrithe. "Ní hin atá uaim, b'fhearr liom píosa de bhullán." Leis sin, chroch léi go feargach a raibh sa teach agus na gasúir. Ní raibh sí ach imithe amach an doras nuair a tharla miorúilt. In áit ghurd an bhainne bhí cosa eilifinte agus in áit chraiceann an tí bhí cluasa móra na heilifinte. In áit an chuaille ar a raibh an teach crochta bhí torscaí na heilifinte. Agus deirtear go bhfuil cíocha chun tosaigh ar an eilifint ar nós na mban.

An mhaidin dár gcionn thaistil muid chomh fada le baile Kalacha, ósais atá ar bhruach fhásach Chalbi. In áit fhuacht Loch Parthas bhí an teocht ag ardú agus muid ag dul le fána. Níl bóthar ann ach tá cosán trí gharranta na laibhe a chaith an bolcán uaidh le teann oilc fadó. Tá na clocha slíogairt beag agus mór, ar dhá thaobh den chosán, agus ní raibh an chuid seo den turas róchompordach mar bhí Fred mar a bheadh seoltóir ag tornáil ó thaobh go taobh ag iarraidh na bolláin mhóra a sheachaint.

Tá an baile beag ar nós íomhá as *Star Wars* agus muintir na háite sna *dukas*, na siopaí beaga. Amach as na tithe ceann tuí tháinig na daoine le breathnú orainn. Cheap muid go raibh faitíos ar na gasúir romhainn. Tháinig siad i ngar dúinn le stánadh orainn agus ansin rith siad uainn ag screadach, ach ní le faitíos ach ag gáire. Is cosúil nach dtagann mórán strainséirí thart anseo. Níl cead grianghraf a thógáil; ceaptar gurb ionann lionsa an cheamara agus súil an diabhail. Chaith muid seal i gceann de na *dukas*; bhí an bheoir breá fuar agus bhí foscadh ann ón ngrian. Ba ghearr go dtáinig na daoine i dtaithí orainn. Shín na gasúir lámh amach agus rith siad abhaile le teann iontais, ag breathnú go géar ar an bpeann nó píosa páipéir agus rud éigin scríofa air a bhronn muid orthu.

Is de bhunadh threibh Gabbra muintir na háite seo, a tháinig ó dheas ó ardchríocha na hAetóipe ag tús an fichiú haois. Ba theifigh iad ó fhórsaí an Impire Menelik agus chuir siad fúthu sa gceantar seo lena gcuid camall. Deirtear go bhfuil ceangal idir iad féin agus Iúdaigh na hAetóipe ach tá an ceangal sin chomh fada sin siar agus nach dtugtar aon aird air anois. Bhíodh teannas idir iad agus na treibheanna áitiúla faoi thalamh agus cearta féaraigh. Faoi rialtas coilíneach na Breataine, cuireadh socrú i bhfeidhm a bhí bunaithe ar roinnt na talún. Le blianta beaga anuas tá síocháin sa gceantar.

Is í an chlann bonnchloch na sochaí. Toghtar seanóir nó *Abba-olla* ar cheann an bhaile. San *olla,* an baile beag, bíonn suas le cúig theach fhichead. Tugtar ómós do na seanóirí, a réitíonn aon aighneas faoi chúrsaí talún nó cearta féaraigh. Is le fear an tí ainmhithe na clainne ach is leis an treibh, seachas aon duine nó aon chlann amháin, an talamh. Maireann na Gabbra ar bhainne agus feoil. Óltar bainne gabhair ach ní óltar fuil mar a dhéanann treibheanna eile. Tógann siad tobac measctha le sóid mar shnaoisín.

Tá creideamh na treibhe bunaithe ar oidhreacht na sinsear seachas creideamh foirmeálta, agus tá ardmheas acu ar a gcuid ainmhithe. Cintíonn íobairtí torthúlacht, dea-shláinte agus dea-thoil na spiorad. Creideann siad i *Waka*, an t-aon Dia amháin, ach tá a gceangal lena gcuid ainmhithe níos tábhachtaí ná aon ní eile. Ní ábhar bia amháin iad. De réir an daonáirimh is déanaí tá 2% acu ina gCríostaithe i measc 51,000 na treibhe.

Ón taobh amuigh ní thabharfá mórán suntais do theach an phobail. Istigh ann tá stórchiste d'ealaín bheannaithe a bhainfeadh an t-amharc as do shúile. Ar bhallaí an tséipéil tá freascónna aoibhne ón Aetóip, sa stíl Choptach. Is cosúil go bhfuil chuile radharc ón mBíobla ann: Seosamh agus an cóta ildaite a fuair sé ó Iacób, Maois leis na deich n-aitheanta, agus Naois agus an áirc lán go gunail le hainmhithe. Tá na dathanna bríomhar, beo agus galánta.

Is deacair cur síos a dhéanamh ar áilleacht an fhásaigh. Anseo is ansiúd tá stumpa de chrann pailme, feosaithe ag teas na gréine agus corrchonablach d'ainmhí anaithnid éigin. Feiceann tú uait an t-aer ag éirí ón ngaineamh le teas, mar a bheadh tonnta ann. Chonaic muid i bhfad i bhfad uainn, mar a bheadh radharc draíochta, an ósais sa bhfásach: crainnte pailme agus carbhán camall ar a bhealach soir chuig an tobar. Chuirfeadh radharc eile amú thú ar feadh soicind, agus i bhfaiteadh na súl bhí na camaill agus a raibh ann bailithe leo.

Is iad na camaill bonnchloch an chultúir agus an gheilleagair. Is iad airgead reatha agus marc stádais na treibhe iad, ach le blianta beaga anuas tá siad ag cur éiceachóras an cheantair i mbaol. Deirtear go bhfuil an iomarca acu ann agus nach dtugtar seans do bhorradh an fhásaigh tar éis shéasúr na báistí. Fadó ba chuid de Loch Turkana fásach Chalbi ach le hathrú aeráide tá an fásach ag leathnú amach.

Chaith muid seal ag breathú uainn: an tairseach idir lá agus oíche agus am an trasdula. Tá an tsnaidhm fós ceangailte idir tráth nach bhfuil lánoscailte ná lándúnta. Ní leis an lá ná an oíche na nóiméid sin. Tá an saol socair agus ciúin le machnamh a dhéanamh agus breathnú ar an ngrian dhóite dhearg. Go tobann éiríonn sé fuar. Níl an téagar céanna sa ngrian agus í ag strácáil in aghaidh na hoíche. Ar thairseach luí na gréine tá "súil le" agus "cuimhne ar" fite fuaite lena chéile. Tá titim na hoíche cinnte ach b'fhearr linn greim a choinneáil ar an lá cúpla soicind eile. Ag an nóiméad deireanach gealann an ghrian, seasann muid agus titeann sí thar íor na spéire i bhfad uainn.

Ba ghearr go raibh na rothaí ag casadh ar an ngaineamh bog, gan iad ag fáil greim ar bith agus muid thíos go hacastóir. Chuimhnigh mé ar Captain Mainwaring i *Dad's Army* fadó. Ach ní raibh aon *panic* ann! Thógadar cláir alúmanaim ó thaobh an leoraí agus chuireadar faoi na rothaí cúil iad. D'oibrigh George agus Joseph faoi stiúir Sam, agus gan mhoill bhí muid ar ais ar thalamh tirim. D'ól muid bolgam agus gheall mé nach gcuirfinn mo mhallacht ar an mBedford arís!

"Is gearr go bhfeicfidh muid an loch," a dúirt George. Agus chonaic.

Tar éis lá a chaitheamh sa bhfásach bhí uisce lenár mbéal ag cuimhneamh ar chith agus buidéal de bheoir Tusker. Ní radharc ar chamaill ná mearbhall súl a bhí ann an geábh seo. Bhí loch an tséada os ár gcomhair amach.

Má mholtar radharc go flúirseach, is iondúil go ligtear síos duine. Níor tharla sé le Loch Turkana, b'in cinnte. Bhí muide i ndeisceart an locha, gar do chliabhán an chine dhaonna, gar don spota ar tháinig Richard Leakey ar iarsmaí iontaiseacha ár sinsear, gar freisin do bhaile dúchais ceann de na treibheanna is lú, ó thaobh daonra de, sa gCéinia.

Tá an loch salanda ag ceann thuaidh an Scoiltghleanna, i gceartlár fásaigh sheasc le deighilt a shíneann leis an Aetóip. Tagann formhór uisce an locha ó abhainn an Omo. Tá trí cinn d'oileáin ar an loch, ceann ó thuaidh, ceann sa lár agus ceann ó dheas. Tá bolcán an oileáin láir beo agus tá bruach an locha brataithe le laibhe agus gaineamh le fásra feosaithe dóite. Ar an meán tá sé tríocha ciliméadar ar leithead agus 250 ciliméadar ar fhad.

D'eagraigh George turas locha dúinn i mbád innill adhmaid sula ndeachaigh muid go dtí an campa san ardtráthnóna. Bíonn na báid réitithe don loch le bogha agus deireadh an bháid lúbtha agus suíonn siad go hard san uisce. Dúirt George gurbh fhearr an turas a dhéanamh agus an loch ina chlár. Bhí muid céad méadar ón mbruach nuair a d'éirigh an ghaoth agus bhí sé ina ghála agus an t-inneall faoi bhrú agus muid i ngleic le tonnta tosaigh. Chas muid timpeall, fliuch báite agus scanraithe. Níl stoirmeacha neamhghnách, de bharr theas an locha agus teas na talún, agus is féidir le gaoth aneas nó anoir aneas éirí gan choinne. Ní túisce a raibh an chéibh bainte amach againn ná bhí an loch ina léinseach arís.

Bhí muid le dhá oíche a chaitheamh sa gcampa atá ag Gametrackers ar bhruach an locha. Sna botháin choirceogacha a d'fhan muid an uair seo seachas i bpubaill. Mar a chéile iad leis na clocháin atá le feiceáil i gceantar Chorca Dhuibhne, ach in áit na gcloch is as coirt crainnte, duilleoga sníofa agus maidí na gcrann pailme, a fhásann ar bhruach thiar an locha, atá siad tógtha.

Tar éis cithfholctha shuigh muid ar scáth na gréine ag breathnú uainn agus ag comhrá. D'ith muid gach ar réitigh Joseph dúinn go blasta, agus d'ól muid buidéal beorach. Is ansin a chuala muid scread ó bhothán bhean na hAstráile. Bhí damháin alla ina bothán agus bhuail taom eagla í. Ní cur i gcéill a bhí ann agus ba dheacair í a shuaimhniú cé gur chuir George an ruaig ar na damháin alla. Tháinig bean feasa ón gceantar a oibríonn sa gcisteanach chomh fada linn agus thosaigh sí ag gabháil fhoinn agus ag bualadh cloiginí beaga agus ag damhsa. Ba ghearr go ndearnadh dearmad ar na damháin alla, agus chodail an tAstráileach i mbothán eile.

Cén chaoi a bhféadfadh daoine maireachtáil ina leithéid d'áit? Níl ann ach na clocha slíogairt. Níl orlach cré ann ná foscadh na gcrann ón ngrian. Chonaic muid uainn baile na El Molo ón gcnocán agus a gcuid "tithe" coirceogacha ar nós ioglúnna cois locha.

Is ionann na El Molo agus "na daoine a mhaireann ar iasc". Is treibh eisceachtúil iad ar chuile bhealach. Níl suim dá laghad ag treibheanna eile an cheantair san iasc ná san iascach. Deirtear i seanchas na dtreibheanna eile, le drochmheas, go raibh beithígh fadó ag na El Molo ach gur chaill siad iad ar chúis éigin agus anois caithfidh siad maireachtáil ar an iasc. Ní ghlacann na El Molo leis an scéal sin. Dar leo, bhí na Rendille agus na Turkana breá sásta iasc a ithe aimsir an drochshaoil nuair a bhásaigh na beithígh le tart. I seanchas na El Molo tá sé ráite gur tháinig na Samburu agus na Turkana ar cuairt chucu fadó. Ní maith leis na El Molo strainséirí a bheith ag breathnú orthu agus iad ag ithe. Le fáil réidh leo, bhí orthu an t-iasc a roinnt leo. In am an ghátair, mar a deir na El Molo, bhíodar breá sásta a mbolg a líonadh le péirse ach ní raibh scil acu san iascach ná seoltóireacht agus ní bheidh go brách.

Ar bhruach an locha chas mé le buachaill óg agus é bródúil ina sheasamh ar rafta a athar. Ceanglaíonn siad lomáin le chéile le súgáin phailme leis an rafta a dhéanamh, agus caitheann siad sleá le péirsí ón rafta. Triomaíonn siad filléid na bpéirsí nó róstann siad an t-iasc. Is maith leis na gasúir an *loka* nó cnó an chrainn phailme le n-ithe.

Bhí a dteanga féin acu go dtí 1998, an bhliain a cailleadh an cainteoir dúchais deireanach. Tá an "cúpla focal" ag cuid de na seanóirí ach is í an Maa nó an Swahili a labhartar go forleathan.

Daoine lách, cneasta iad a chuireann fáilte roimh an strainséir agus bhí siad sásta a gcultúr a roinnt linn. Is ar chrogaill an locha agus ar an iascach atá a gcuid scéalta bunaithe. Ní raibh aon fhaitíos orthu roimh an gceamara. Tá socrú déanta acu le Gametrackers agus ní gá tada a íoc go díreach leo. Bíonn na gasúir ag freastal ar scoil anois agus bíonn géarghá leis an ioncam ó bheith ag díol seod ar nós bráisléad, fáinní agus ciseán le cuairteoirí.

I deacair a rá céard atá i ndán do na El Molo. Níl ann ach sé chéad acu ach tá sé ráite go bhfuil an daonra ag ardú mar go bhfuil siad ag pósadh na Turkana agus na Samburu. Fadó, ní bhíodh ach bean amháin ag na fir ach anois tá sé de nós acu beirt nó triúr a phósadh. Tá galar an raicítis coitianta de bharr cothú bunaithe ar iasc agus uisce alcaileach, agus tá cosa lúbtha agus drochfhiacla le sonrú.

B'as ceantar na Níle iad agus tháinig siad chomh fada le Loch

Turkana dhá mhíle bliain ó shin. Níl aon suim acu i mbeithígh cé go bhfuil corrghabhar agus cearca acu. Tá sé ráite go maraíonn siad corr-dhobhareach agus an crogall ar an loch, ach deirtear chomh maith nach bhfuil sna scéalta sin ach maíomh agus gaisce.

Chaith muid an mhaidin ina dteannta agus cheannaigh muid seoda. Bhí chuile dhuine againn tógtha leo agus ba phribhléid domsa agus do mo chomhthaistealaithe greim beag de chultúr na El Molo a bhlaiseadh ar ár gcuairt. Is deacair a chreidiúint go bhfuil cultúr na El Molo beo i bhfoisceacht lá taistil den Eoraip. Bhí mé buíoch go raibh mé i gcuideachta dream measúil, tuisceanach agus spórtúil.

Ar an mbealach ó dheas stop muid ag eas Nyahururu atá ar an meánchiorcal. Sa tseanaimsir tugadh Thomson Falls air in ómós an taiscéalaí Albanaigh Joseph Thomson, a thaistil trí oirthear na hAfraice thart ar 1883. Bhí ról aige i sciobadh na hAfraice sa 19ú haois agus bhí sé ag iarraidh bealach a aimsiú ón gcósta go Loch Victoria, nach mbeadh gar do thailte na Maasai, a raibh cáil na barbarthachta orthu. Bhí an Gearmánach Gustav A. Fischer chun tosaigh air ach bhí an lá ag Thomson. B'fhear é a chruinnigh eolas bitheolaíoch, geolaíoch agus eitneagrafach. Ar a bhealach abhaile d'ionsaigh buabhall é, agus tholg sé maláire agus dinnireacht. "An té a théann go réidh beidh sé sábháilte agus an té a théann go sábhailte rachaidh sé píosa fada." B'in a mhana!

Gar don eas tá an baile agus an stáisiún traenach. Tá neart cábán gar do radharc an easa agus is ann atá asarlaí Kikuyu in éide threibheach.

Déanann sé damhsa ar an sean-nós don té atá sásta cúpla scilling a thabhairt dó. Bhraith muid an chomparáid idir fothram trádála na háite seo agus ciúnas spioradálta na El Molo. Agus ba dheacair buaicphointe ár dturais a shárú. Leis an bhfírinne a inseacht bhí muid ag tnúth le deireadh an safari ach ag iarraidh greim daingean a choinneáil ar ár gcuimhní cinn. Ní raibh mórán comhrá eadrainn gur shroich muid Nairobi.

8. Toghchán Thall agus Toghchán Abhus

Bhí an stocaireacht faoi lán seoil. I Meiricéa bhí Barack Obama ag iarraidh ainmniúcháin an Pháirtí Dhaonlathaigh sna toghcháin tosaigh in aghaidh Hilary Clinton; agus sa gCéinia bhí Raila Odinga ag seasamh in aghaidh Mwai Kibaki, an tUachtarán. Ó na meáin Afracacha shílfeá go raibh Obama ag seasamh sa gCéinia agus an oiread sin scríofa faoi! Ní hiontas gur díríodh ar chlann a athar agus a shaol. Cé go raibh blaganna i Meiriceá ag iarraidh aimhleas a bhaint as a chúlra, bhí muintir na Céinia bródúil as. Bhí Sean-Bharack Obama pósta ceithre huaire, agus tá seachtar leasdeartháireacha agus leasdeirfiúracha ag Barack Óg. Bhíothas ag rá faoi freisin gur Moslamach é agus gur shéan sé creideamh a mhuintire ar mhaithe leis an bpolaitíocht. Shílfeá, ó mheáin na heite deise, gur rud diúltach a bhí i gcreideamh Mhohammed.

Bhí an feachtas toghchánaíochta sa gCéinia i bhfad níos géire ná an ceann i Meiricéa. Anois is arís tharla eachtraí foréigneacha, agus bhí caint ann go raibh na hiarrthóirí ag cothú teannais. Bhí na hollslógaí an-chosúil leis na feachtais a bhíodh in Éirinn fadó: le t-léinte, ceol agus óráidí. Mhol Moslamaigh an chósta Odinga, agus sa bpobalbhreith dheireanach bhí farasbarr cúpla pointe ag Odinga. Bhí an toradh agus todhchaí na Céinia idir dhá cheann na meá.

Anseo is ansiúd i gcathair Nairobi bhí scuainí póilíní, iad armtha agus clogaid orthu. Bhí na toghcháin thart ach ní raibh na torthaí fógraithe, mar a bhí daoine ag súil. Seachas léargas a thabhairt ar an daonlathas bhí marú agus scrios agus an tír deighilte idir iad siúd a thug tacaíocht do rialtas Mwai Kibaki agus lucht leanúna Raila Odinga. Ba é Samuel Kivuitu, ceann Choimisiún an Toghcháin, a thosaigh an t-achrann agus gan na vótaí uilig comhairthe. D'fhógair sé an "toradh" agus rith sé as an seomra mar a bheadh a chóta trí thine. Gan mhoill ghlac Kibaki le mionn a oifige. Thosaigh an réabadh agus an sléacht.

Bhí mé slán sábháilte sa Fairview Hotel gar do lár na cathrach tar éis safari, agus cé nach raibh mórán eile ann, bhí an tslándáil dian agus ní raibh ionsaithe á ndéanamh ar an gcine geal. Ach mar sin féin, ní raibh tada eile faoi chaibidil ag lucht an óstáin nó an corrstrainséir a bhí ag fanacht ann, agus chuile dhuine ag léamh páipéir nuachta, ag coinneáil súile ar an teilifís agus ag éisteacht leis an scéal is déanaí.

Sna meáin idirnáisiúnta bhí inseacht shimplí ar an sceál: treibheanna na hAfraice in adharca a chéile, mar ba ghnách. An uair seo ba iad na Luo agus na Kikuyu a bhí ag troid. Treibheachas ba chiontaí leis. Ach bhí an scéal i bhfad níos doimhne ná sin agus ag dul i bhfad níos faide siar. Ag an bpointe seo bhí mé ag iarraidh an scéal a mhíniú d'éisteoirí Raidió na Gaeltachta sa mbaile in agallamh trí nóiméad. Ansin chas Patrick, fear tacsaí, orm. Is cuma cá dtéann tú casfar duine atá in ann scéal a insint gan chlaonadh. Bhuel, ar bhealach!

B'as ceantar na White Highlands muintir Phatrick. B'in iad na tailte a sciob na Briotanaigh ó na Kikuyu aimsir an choilíneachais. Ar theacht na saoirse thug rialtas Jomo Kenyatta talamh do dhaoine ón Scoiltghleann i bhfad óna n-áit dúchais. Níor tugadh dóibh ach dhá acra nó mar sin. Chuir athair Phatrick trátaí, mealbhacáin agus glasraí eile a dhíoladar ar thaobh an bhóthair gar do bhaile Nakuru. Ach ba Kikuyu iad agus bhí siad i gceantar na Kalenjin agus na Luo in iarthar na tíre. Cé nach raibh chuile shórt ina cheart ón taobh sin de, bhí siad sásta go leor – bhí talamh acu agus bhíodar ag maireachtáil. D'fhág Patrick an baile, mar a rinne go leor eile, lena shaibhreas a dhéanamh sa gcathair. Le hairgead óna athair cheannaigh sé seancharr. D'fheabhsaigh rudaí agus ba ghearr go raibh carr níos fearr aige agus spota le haghaidh gnó os comhair an óstáin. Chuireadh sé airgead abhaile. Bhí sé bródúil as a threibh. Ba dhream díograiseach iad na Kikuyu, a dúirt sé. Tá cáil an oideachais orthu. Ba iad na Kikuyu a thosaigh feachtas an neamhspleáchais agus ba iad a fuair na postanna ab fhearr sa rialtas agus sa státchóras nua ar imeacht na meirleach.

In iarthar na tíre, áit a raibh muintir Obama, ba iad na Luo agus na Kalenjin a bhí thíos leis ar imeacht na mBriotanach. Tháinig strainséirí ina measc, ar nós mhuintir Phatrick. Choinnigh siad socair ach bhí searbhas agus éad ann a mhair i bhfad. Ghlac Patrick leis an inseacht sin ach, dar leis, níorbh fhéidir dul siar go dtí an seanré agus na boic mhóra ar nós an Tiarna Delamere a ruaigeadh. Nár gheall Kenyatta saoránacht dóibh, agus ní raibh duine ar bith ag iarraidh go mbeadh an tír ar nós na Siombáibe.

Níor thuig na Briotanaigh an ceangal a bhí idir an talamh agus na daoine. Téann coincheap na húinéireachta glan in aghaidh an tseannóis. Dar leis na Sasanaigh níor le duine ar bith an talamh agus ní raibh an cine gorm ach ag baint leasa aisti. Ní raibh teideal acu, agus i ndlí na Corónach is beag tairbhe a bhí sa seanchas, fada nó gearr. Bhí na bánta gan úinéir agus ba thionóntaí de chuid na Corónach an cine gorm. Níor thuig muintir na háite an scéal agus níor thuigeadar ach an oiread an chaoi ar ghlac a rialtas féin leis an socrú ar theacht *uhuru* i mí na Nollag 1963. Bhog na daoine óna gceantair dhúchais ar mhaithe le talamh, a bhronn polaiteoirí orthu. Léiríodh fabhar agus fuair cuid de na daoine níos mó ná cuid eile. Rinne na polaiteoirí go maith as, agus bhí na mílte acra ag clann Kenyatta, agus ag clann Moi a tháinig i gcomharbacht air.

Ar an gcósta agus i dtír na Luo bhí an chosúlacht ar an scéal nach mbeadh aon athrú ar an scéal go brách an fhad is a bheadh cumhacht agus maoin an stáit á roinnt ar bhonn treibheach. Nuair a toghadh Kibaki den chéad uair i 2002 gheall sé go gcuirfeadh sé deireadh le caimiléireacht, go mórmhór caimiléireacht bunaithe ar threibheachas. Thug tíortha an domhain an t-uafás airgid don Chéinia agus cuireadh amú na milliúin dollar. Bhí carranna Mercedes ag na hairí a chosain $12 milliún. Fuair na teachtaí ardú pá agus bhí chuile phost agus aireacht ag na Kikuyu. Ag an am céanna bhí formhór na *wananchi,* na gnáthdhaoine, ag maireachtáil ar níos lú ná dollar amháin in aghaidh an lae.

Sa bhfeachtas toghchánaíochta, thacaigh na treibheanna uilig, seachas na Kikuyu, le Odinga. Gheall sé dílárú agus *majimbo,* rialtas feidearálach. Sna pobalbhreitheanna bhí an chosúlacht air go mbeadh an bua ag páirtí Odinga, an Orange Democratic Movement, agus go mbeadh Odinga féin ina Uachtarán. Scaipeadh an scéal nach bhféadfadh Luo a bheith ina Uachtarán; níorbh fhir chearta iad mar nár chleacht siad an timpeallghearradh. Níor oibrigh an tseift sin.

Is i slumaí Mathare agus Kibera a bhí na mílte Luo agus Kikuyu ina gcónaí agus is ann a thosaigh an t-ár. D'fhógair Odinga nach raibh sé chun glacadh leis an toradh a fógraíodh. I Mathare, áit a raibh tromlach Kikuyu, maraíodh na céadta agus dódh na cábáin shuaracha ina rabhadar ina gcónaí. I sluma Kibera ba iad na Luo a d'ionsaigh na Kikuyu. Thosaigh na meáin ag déanamh comparáide idir cinedhíothú Ruanda agus a raibh ag tarlú i Nairobi. Ba ghearr gur leathnaigh an marú go dtí iarthar na tíre. I mbaile Eldoret chruinnigh Kikuyu an bhaile i séipéal Cincíseach. Bhásaigh thart ar dhá scór nuair a dódh an séipéal go talamh.

Bhí macasamhail eile de Ruanda ann sa gcaoi ar spreag na stáisiúin raidió an scéal le craoltóireacht bhagrach. Ar stáisiún Kalenjin dúradh go raibh sé in am ag lucht na mbó an féar a bhaint – cód simplí ag rá gur cheart na Kikuyu a ruaigeadh. Dúradh freisin gurb ionann iad agus suiteoirí sa gceantar; bhíodar ar nós an mhongúis a thagann le cearca a ghoid. Ar an taobh eile bhí na Luo ag tabhairt babúin ar an Uachtarán Kibaki. Taobh istigh de sheachtain bhí na céadta mílte de chuile threibh ag bogadh go dtí a gceantar dúchais féin.

D'ordaigh an rialtas nach raibh cead a thuilleadh foréigin a thaispeáint ar an teilifís. Níos tábhachtaí fós, dúirt Kibaki go raibh sé sásta dul i gcomhrialtas le Odinga. Faoi dheireadh mhí Eanáir bhí cainteanna ar siúl faoi stiúir iar-Ard-Rúnaí na Náisiún Aontaithe, Kofi Annan.

Bhí turnamh na Céinia ar na bacáin agus geilleagar na tíre i mbéal a scriosta. Is beag fiúntas a bhí i gcaint faoi áilleacht na tíre, an dúlra agus flaithiúlacht na ndaoine agus na mílte marbh agus na mílte eile ina dteifigh ina dtír féin. Bhí an treibheachas agus an pholaitíocht fite fuaite ina chéile ar mhaithe le ceannairí santacha agus lucht gaimbín.

Phriontáil na páipéir an *tally* agus torthaí thoghchán na parlaiminte agus ba léir do chách an cluiche a bhí á imirt. Bhí an chosúlacht ann go raibh vótaí á sciobadh ag chaon taobh, rud a chabhraigh le socrú sa deireadh, cé gur sciob lucht leanta Kibaki níos mó ná an dream eile. In atmaisféar teannais agus imeagla, bheadh toghchán eile i bhfad róchontúirteach. Chaithfeadh an bheirt an chumhacht a roinnt, duine acu ina Uachtarán agus an duine eile ina Phríomh-Aire, agus airí a cheapadh ó na páirtithe uilig. Rinneadh amhlaidh ach thógfadh sé i bhfad sula maolódh an ghangaid.

Deirtear gurb é an treibheachas is cúis leis an dearcadh duairc atá coitianta i leith na hAfraice. Le blianta beaga anuas tá dul chun cinn eacnamaíoch le sonrú ar chuile mhór-roinn agus sna tíortha a bhí faoi réimis choilíneacha, ón India soir agus siar. Tá an Afraic buailte ar chuile thaobh le fíorbhochtanas, deachtóireacht, HIV/AIDS agus cogaí. Is beag tír ó dheas den Sahára atá níos fearr as i ré seo an domhandaithe. Shíl mé, agus mé ag taisteal in oirthear na hAfraice, go raibh mé i ngráinseach an domhain le talamh saibhir a bhaintear faoi dhó sa mbliain. Is san Afraic atá chuile mhianra agus seod is féidir le duine a chaitheamh nó leas a bhaint as. Tá saol na ndaoine níos measa inniu, ar a lán bealaí, ná mar a bhí nuair a roinn mórchumhachtaí an domhain an mhór-roinn eatarthu féin. Ní hin le rá go bhfuil siad in ísle brí. Is ann atá an nádúr, an t-ilchultúr, ceol, spraoi agus carthanas don té atá gann.

Is cinnte gur choinnigh an Cogadh Fuar siar an mhór-roinn agus tinneas clainne uirthi ó thús na seascaidí. Ón gCongó soir go dtí an Aetóip, roinn an dá mhórchumhacht an mhór-roinn ar mhaithe leo féin, chun a chinntiú nach mbeadh buntáiste ag an taobh eile. Chonaic muid Mobutu, Amin agus neart eile a d'fháisc an t-anam as na daoine agus a dhíol a gcearta folaíochta. Bhíodar i gcumhacht le toil agus caoinchead. Thacaigh rialtais i Londain, Washington agus Moscó le réimis chinedheighilte agus tugadh neamhaird ar an gcinedhíothú. Seachas íoc as oideachas agus sláinte ceannaíodh neart tancanna agus scaird-eitleáin throda.

Soir agus siar chas mé le daoine le mórtas cine agus ceantair. Dóibhsean is ionann do phobal agus do chlann, agus tá a fhios cé dar díobh thú agus cé leis thú ó bhí tú ar dhroim do mháthar ag siúl ón tobar. Aithníonn tú do mhuintir sa gceol, sa seanchas agus sa maistreadh. Bhí do threibh ann sula dtáinig fear an Bhíobla nó fear an Chóráin agus sula raibh aon chaint ann faoin náisiún ná faoin stát. Nuair a thit an braon báistí tar éis theas an tsamhraidh chruinnigh na daoine agus chuireadar don bhaintreach agus sheas lag is láidir le chéile. Cuireadh faobhar ar chlaimhte nuair a goideadh beithígh nó gabhair. Is cuma cá dtéann tú nó cé chomh hard is a éiríonn tú, ní féidir leat treibh d'athar a thréigean.

Is cinnte gur bhain an t-iarthar leas as an treibheachas leis an Afraic a cheansú agus iad ag déanamh peataí de threibh amháin thar threibh eile – scar is treascair, ar ndóigh. Ach is cinnte freisin go gcaithfidh ceannairí na hAfraice glacadh le freagracht. D'admhaigh Julius Nyerere na Tansáine an déscaradh idir an nua-aoiseachas agus an treibheachas agus náisiúin nua na hAfraice ag iarraidh córas daonlathach a chur i bhfeidhm. Dúirt sé go raibh sé dodhéanta agus chuile threibh mar a bheadh páirtí polaitiúil ann. Ba bhac é an treibheachas d'fhorbairt na polaitíochta agus an daonlathais, agus dá bharr sin is beag dílseacht atá ann don stát, a dúirt sé. Ar an taobh eile den scéal, bhí an argóint ann nach raibh an córas daonlathach, a bhí bunaithe ar chóras an iartair, feiliúnach don Afraic. Ach má bhí córas útóipeach ann a tháthódh an sean agus an nua le chéile, ní raibh sé le sonrú san Afraic. Más gliú é an treibheachas a choinníonn an tsochaí le chéile, is Semtex é a stróicfidh ó chéile í freisin agus í faoi bhrú ceal greim le n-ithe, drochshláinte, cathracha plódaithe agus díomhaointeas. Ghlac ceannairí na mór-roinne leis na teorainneacha a leagadh síos ag tús an fichiú haois. Scaradh treibheanna agus tailte féaraigh ach is beag aird a thugann fánaithe ar phasanna ná víosaí agus iad ag seoladh beithíoch nó caorach ar an eachréidh.

Nuair a bhí athair Raila Odinga ina Leas-Uachtarán ar an gCéinia sna seascaidí bhí sé an-bhródúil as an leabhar nótaí dubh a bhí aige. Sa leabhar sin bhí liosta de chuile dhuine a thug *baraka* nó bronntanas dó. Breabanna a bhí i gceist aige, ar ndóigh. Ní bhíodh drogall air é á thaispeáint ach an oiread. "Ní choinním an t-airgead dom féin," a deireadh sé. "Roinnim é ar dhaoine fiúntacha ó mo threibh féin agus cairde ár dtreibhe. Sin é ár gcóras agus tá sé thar a bheith daonlathach, sean agus onórach," dar leis. "Bí cinnte," a dúirt sé, "go bhfuil leabhar ag Jomo Kenyatta freisin."

Sna nuachtáin bíonn "carthanas" na bhfeisirí le sonrú lá sochraide agus a bhflaithiúlacht liostáilte go hoscailte. In am an ghátair tugann an feisire cúnamh le costais na sochraide a íoc. Níl aon chaint ar chlúdach litreach donn! Ach is ar mhaithe leis féin a dhéanann an cat crónán. Is cuid den saol é, a deirtear. I ngach treibh tá sé de dhualgas ar cheann na treibhe a chuid bronntanas a roinnt; bíonn an cóta mór *cashmere* agus snua a gcoda orthu féin. Agus roinneann Dia na suáilcí is fearr fabhar ar theachta nuair atá conradh le bronnadh nó post le fáil.

Ní ghlacann cuid mhaith daoine le léachtaí ón Iarthar agus "muide" freagrach as an mbreabaireacht an chéad lá riamh. Deirtear freisin nach gá ár n-oileán féin a fhágáil le ceannach agus breabaireacht a fheiceáil. Tá dalladh ciniciúlachta sa bpolaitíocht sa mbaile. Tá argóint agus cruthúnas ann gurbh iad na comhlachtaí móra idirnáisiúnta a leag na dollair sa gcrúibín cam an chéad lá riamh.

Scanraigh an foréigean muintir na Céinia. Nach raibh an tír mar bhláth sa bhfásach? Bhí an saol ag feabhsú do Phatrick agus a chlann. Bhí fear de bhunadh na tíre ar an mbóthar chuig an Teach Bán. Dá n-éireodh leis, cá bhfios céard a d'fhéadfadh sé a dhéanamh don Afraic agus don domhan? Baineadh stangadh as chuile dhuine sa gCéinia, ach le brú ó mhuintir na tíre tháinig na polaiteoirí ar réiteach. Níor chuir na meáin scríofa fiacail ann: chaithfidís teacht ar réiteach le cúnamh fir ón Afraic a thuig iad. Agus rinne Kofi Annan an beart.

Bhí Barack Obama buartha freisin faoi chás na Céinia. Dúirt sé go raibh sé in am díriú ar an aontas agus an dul chun cinn, seachas deighilt agus anachain, in ainneoin neamhrialtacht chomhaireamh na vótaí. "Ní le foréigean a réiteofar an scéal ach le daonlathas agus forlámhas an dlí. Iarraim ar mhuintir na Céinia bhur dtraidisiúin dhaonlathacha a athnuachan agus breith ar bhur n-uaillmhianta go síochánta," a dúirt sé.

D'fhill mé ar Lamu agus shiúil mé cois cladaigh siar ó bhaile Shela, i bhfad ó anachain agus fothram na cathrach. Bhí dabha Bhoh Boh amach ó Pate agus Hassan in éineacht leis. Chas siad siar i dtreo an chinn. Bheannaigh siad dom. Bhí potaí le n-ardú agus cá bhfios nach mbeadh strainséir eile ag teacht ar eitleán an tráthnóna sin. Chas mé féin ag an gceann agus sheas mé seal ag breathnú uaim. Le luí gréine thuirling ealta éan. Bhí rian mo chos fós sa ngaineamh bog. Nár bhreá greim a choimeád ar an aoibhneas síoraí sula gcasfadh an taoide agus nuair a chasfainn féin abhaile.

Nakupenda: "Mo Ghrá Thú".

Iarfhocal: Nairobi, 20 Eanáir 2009

Bhí mangairí na cathrach gnóthach ó mhaidin. Ag na timpealláin bhí póstaeir mhóra agus scáthanna fearthainne á ndíol, agus ag na cábáin ar bhruach na cathrach bhí rogha de bhratacha agus suaitheantais á dtairscint. Orthu uilig bhí íomhá Bharack Obama nó brat Stáit Aontaithe Mheiriceá. Bheadh cóisir thall agus abhus le hinsealbhú fir de bhunadh na Céinia a cheiliúradh.

Creid é nó ná creid, ach toghadh mac le Barack Obama ó bhaile Kogelo, ceantar Siaya, ar bhruach Loch Victoria, mar 44ú Uachtarán ar an tír is cumhachtaí ar domhan. B'in cúis mórtais cinnte, go mórmhór do dhaoine nach mbíonn an oiread sin ábhar bróid ná dóchais acu. Bhí na ceaigeanna lán agus na gabhair le róstadh. Ó sheas mé i dteach a mhuintire, chaithfinn teacht. Le bheith fírinneach níor cheap mé go mbeadh an bua ag Barack Obama in aghaidh Hilary Clinton, ní áirím buachan in aghaidh John McCain, iarrthóir na bPoblachtánach. Is dóigh nár cheap Mama Obama é ach an oiread. Bhí an scéal uilig dochreidte, ach bhí sise agus a clann i Washington don insealbhú.

"Ón bpríomhchathair is galánta go dtí an baile beag inar rugadh m'athair, deirim le chuile dhuine agus chuile rialtas atá ag breathnú inniu: is cara le Meiriceá gach aon duine atá sa tóir ar shíocháin agus ar dhínit. Tá muid réidh le ceannaireacht a thabhairt arís."

Phléasc ceiliúradh fiáin i measc an tslua lena thrácht ar a athair agus lena chuid focal spreagúil. Thug óráid an Uachtaráin Obama le fios don domhan go raibh ré nua ar na bacáin. Ní dhéanfadh sé dearmad ar na boicht ach an oiread, agus gheall sé greim le n-ithe agus braon le n-ól. Chabhródh sé leis na creagáin a leasú agus gheall sé fíoruisce dóibh siúd atá gann.

Ach bhí a óráid duairc ar bhealach. Thuigfeá é sin agus an drochstaid ina bhfuil muid. Níor chuir sé sin as don slua bailithe san Panafric Hotel, áit a raibh mé le cairde. Bhraith mé gur thaitin a chuid óráidíochta thar aon ní eile le mo chairde. Is ag Barack Obama atá na focail, an friotal fileata, le chuile abairt meáite agus gan a bheith ag seanmóireacht, le ceol agus rithim. Bhí an lucht éisteachta faoi dhraíocht aige le gártha molta anois is arís, ach i gcónaí ag an nóiméad cuí. Bhí muid leis go spioradálta. Bhí a fhios againn go rímhaith cé dar díobh é, a shinsearacht, a chine agus cá raibh a chroí. Bheadh athrú poirt i ndán do Stáit Aontaithe Mheiriceá agus don domhan tar éis ré Bush.

Is gearr an t-achar bliain. Taca an ama seo anuraidh bhí na slumaí i Nairobi ag dó agus bhí daoine loiscthe i dteach an phobail thiar i mbaile Eldoret, gar do cheantar mhuintir Obama. Bhí an tír ag teannadh chun anachana le drochpholaitíocht, foréigean, gangaid agus craos na cumhachta. Sheas muintir na tíre ar chiumhais an duibheagáin. Le ciall agus cabhair sheasadar siar. Tháinig Raila Odinga (mac le seanchara athair Bharack Obama, Odinga Odinga) agus Mwai Kibaki ar shocrú. Bheadh Odinga ina Phríomh-Aire agus Kibaki ina Uachtarán. Cuireadh conspóid an toghcháin ar leataobh ar mhaithe le leas na tíre. Tugadh faoi deara malairt na cumhachta agus Obama ag fágáil slán ag Bush. Bhí a dhá théarma istigh ag Bush agus b'in sin. Ní hamhlaidh a tharlaíonn go minic san Afraic.

Thuig mo chairde as an gCéinia an t-ualach trom atá le n-iompar ag an Uachtarán Obama. Tá a thír bánaithe, a cáil scriosta agus an domhan faoi léigear ceal aire a bheith á tabhairt don timpeallacht. Fós féin tá misneach aige fiú má tá neart daoine sa domhan seo sásta tabhairt faoina thír agus a mhuintir a ionsaí. Tá a chuid seoraí cainte iontach le spreagadh agus le hardú meanman, ach ní mhairfidh an dea-thoil ach seal. Ach tuigeann chuile dhuine go bhfuil ár dtodhchaí ceangailte leis na Stáit Aontaithe. Is ann a thosaigh an ghéarchéim airgid agus is ann a scaoilfear an tsnaidhm dhúbailte.

Taidhleoireacht seachas bagairt atá geallta, agus beidh muintir na hAfraice ag súil go ndéanfar dul chun cinn le plean éigin le réiteach a fháil ar fhadhbanna iomadúla an Chongó, na Siombáibe agus Darfur na Súdáine. Tá an-chaint ar "chumhacht chliste" agus "cumhacht bhog", ach sa deireadh is é an beart seachas an briathar a bheas á mheas.

Tar éis blianta fada tá brat na réaltaí agus na straidhpeanna ar foluain le bród thar lear. An mairfidh mí na meala thar mhí, sé mhí nó bliain? Dhúisigh muid an mhaidin sin le meangadh gáire. D'ól muid sláinte Tom Mboya, a chuir athair Bharack Óig ar bhóthar a leasa; agus a mháthair a thóg é le cruatan, colscaradh agus briseadh croí. Chuimhnigh muid ar a sheanmháthair agus a sheanathair, a choinnigh ceart é; agus a bhean agus a chuid gasúr, a thug grá dó. Léim sé thar gach constaic, go mórmhór dath a chraicinn, an ciníochas a bhí fite fuaite trí gach gné de shaol Stáit Aontaithe Mheiriceá.

Scaramar le cumhrán na mbláthanna i ndrúcht na maidne, deora Dé agus glór páiste nuabheirthe le cloisteáil, réidh le leagan ar bhrollach. An páiste a saolaíodh lá Obama, an lá tar éis lá an Rí.